僕はこんなふうに旅をしてきた

下川裕治

朝日文庫

僕はこんなふうに旅をしてきた●目次

第1章　死ぬかと思った編　17

第2章　食べ物・酒編　63

第4章 ほっこり編 191

第5章　トホホな話編　261

はじめに

旅の話をはじめて書いたのは一九八〇年代の後半。『週刊朝日』のグラビアページだった。その文章が単行本になり、『12万円で世界を歩く』というタイトルで、朝日新聞社から出版されたのが一九九〇年である。僕の旅行作家としての人生を考えれば、これがデビュー作になった。

もっともその前に、『賢くやせる』などの健康に関する著作が三冊あったが。

それから三十五年……。旅に出ては文章を書く日々をすごしてきた。それは長いようで短い年月だったが、その間に百冊を超える本を書いてきた。その本は自宅の本棚に並んでいるが、ふと眺めると、やはり長い年月だったようにも思う。本を書きはじめた頃、先輩の作家から、こういわれた。

「昔は本を十冊も出版すれば、後は優雅な印税生活っていわれたけど、いまはそんなに甘くない。目標は百冊だな。そこまで本が出れば、後はのんびりできる」

著作が百冊を超えたいま、それが大嘘だったことを実感している。著作の多くがロングセラーになるような作家なら話は違うのだろうが、僕の暮らしはいつまでたっても楽にならない。加えてここ三年ほどは新型コロナウイルスの嵐が吹き荒れ、旅に出ること

ができない旅行作家になってしまった。コロナ禍の間に人々の意識も変わってしまったようで、

「海外旅行？　そんな余裕、ありませんよ」

といった言葉が耳に痛い。僕の旅はバックパッカースタイルで、とびきり安い費用での旅なのだが、それは暮らしに余裕があるときの旅だったと思い知らされている。

百冊を超える著作は、僕を安穏《あんのん》な印税生活に導いてはくれなかったが、一冊の本にまとめることはできた。それが本書である。数々の本のなかから、とびきり面白い部分を抜き出して一冊の本に……という企画だった。

この話を編集者から聞いたとき、これは楽勝だと思った。なにしろ原稿を書く必要がないのだ。

一冊の本を書きあげるというのは大変なことだ。通常、一冊の本にまとめるためには、四百字詰めの原稿用紙で、二百枚から三百枚、文字数にすると、八万字から十二万字の文字で埋めなくてはならない。三十五年で百冊を超える本を書いたというと、さも、さくさくと原稿が進んだように思われるかもしれないが、そう簡単にマス目が埋まっていくわけではない。朝から机に向かう。一日のなかで、原稿が進む時間帯というものがある。僕はどちらかというと朝方で、目が覚めてから朝食をとり、それから二、三時間はなんとか原稿用紙が埋まっていく。しかしそこでぴたりと止まる。それから行きつ戻り

つ、机の前で悶々《もんもん》とした時間をすごす。日が西に傾き、今日の朝から書いた原稿用紙を数え、

「まだ四枚か……」

などと溜め息をつく。一日が終わっていくという強迫観念のなかで再びマス目を埋めはじめる。気がつくと部屋から見える教会の屋根にある十字架が光っている。

そういう日々を一カ月、二カ月とつづけていく。ときに不機嫌になり、五枚書けたといってもう書き終えたような気分になったりもする。

かつての著作から、面白い部分を抜き出していくということは、あの苦しい原稿を書く日々を味わうことなく、一冊分の原稿がそろっていく……。

しかし甘かった。本棚に並ぶ本を一冊抜き出し、そのなかから面白い部分を選んで行くのだが……読んでしまうのだ。妙な話だが、自分の本を読みはじめ、意識は原稿に描いたシーンにすっと飛んでしまい、面白い部分を抜き出すことをいつの間にか忘れてしまう。自分で書いた原稿だから、読者に比べれば、はるかに鮮明に旅の舞台が蘇ってくる。

進まないのだ。

この作業は、本書の編集を担当していただいた朝日新聞出版の大原智子さんと同時に進めた。互いに面白いと思う部分を抜き出し、それをすり合わせて決めていこうという

作戦だったのだ。　大原さんは客観的な視線というか、僕にとっては冷徹な眼差しで、

「ここですッ」

といい切るようなところがあった。　僕にしても、一冊の本のすべてが面白いとはいわないが、

「ここの部分も……」

などと、歯切れの悪い会話を重ねることになった。

そのなかで生まれた本書は、一冊の本を書きあげる以上の労作だとも思っている。そのあたりを汲んでもらえればと思う。

多くの著作から抜き出しているため、表記に揺れがある。僕自身の文字表記も年代とともに変わってきたが、用語統一も出版社によって違う場合もある。物価もいまとはだいぶ違う。本書では原則、出典本のままにしている。

当時と地名が変わってしまった国や街もある。一部分を抜きだしているため、前触れもなく人物が登場することもある。そんなシーンのみ、最小限の注を〔　〕に入れて補筆した。

二〇二三年五月

下川裕治

僕はこんなふうに旅をしてきた

第1章 死ぬかと思った編

恐ろしい目に散々あってきた。炎熱地獄や極寒状況、事故、流血、激痛……周囲から悲鳴があがるできごとなど、二度と経験したくない、つらかったエピソードを集めた。

恐怖のジャンピングバスとはこれだったか

'88 ネパール、カトマンズからポカラへ向かうバス

僕がこのルートを走ったのは六月だった。連日、激しい雨に見舞われ、ただでさえよくない道路は、あちこちで土砂崩れをおこしていた。旅行者である僕が、いったいどの地点の道の状態が悪いか、などということを知るわけがない。土砂崩れの場所など知る術《すべ》もない。僕は夜行バスの座席でウトウトしていると、ジャンプは不意にやってきた。バスが揺れた、と思った瞬間、みごとに体が宙を舞い、座席と尻の間に明らかに空間ができたのである。夜行バスだから、道がどんなにひどくなっているかを見ることはできない。しかし、バスのなかで体が宙を舞うという感覚は、気持ちがいいものでもなんでもない。そして、体が浮いたと思った瞬間、頭が、

「ガツーン」

と荷棚にぶつかった。

「痛ッ」

と思う暇もなく、今度は尻に、

「ビーン」

という激痛が走った。僕の体は再び、元の席に着地したのである。僕はいったいなにがおきたのか、一瞬、わからなかった。頭の痛みと、尻の痛さでその状況を推し測るとこうなる。バスが急に路上の穴ボコかなにかに突っ込み、その衝撃で体が数十センチ浮き、頭を荷棚にぶつけ、その反動で、尻を座席に痛打したのである。一般にバスの席に座った状態で、どれほどジャンプすれば、頭が荷棚に届くのであろうか。五十センチ、いや七十センチ……。少なくともその距離を、僕の体は浮いたのである。もし荷棚がなかったら、僕の体はさらにジャンプしていたことになるだろう。

骨折者がでる、というジャンピングバスの恐怖を僕はそのとき初めて実感した。そのとき僕の体は垂直に上にあがったため、元の席に着地することができた。しかし、なにかしらの事情で斜めにとびあがっていたら、僕の体はまったく別の場所に落下していたはずである。そのとき骨を折る可能性は十分にあった。『バスの屋根から世界が見える』

喉の渇きが限界に

'02 アフガニスタン、マザリシャリフからマイマナへ

ようやく『道都号』〔僕がそう名づけた車〕が進み始めたとき、トラックから乗り移ってきた男が、運転手に向かって、

「水《アオ》は?」

と聞いた。

アオという現地の言葉を僕らも覚えていた。運転手が首を振ると、男の顔色が変わった。運転手をなじるというより、どこか焦るような雰囲気に、僕らはよけいに不安になった。水があるオアシスはまだまだ先なのだろうか……。この男が乗り込んできたとき、阿部君〔同行カメラマン〕のペットボトルに残っていた水を一気に飲み干してしまっていた。彼はこの車には、まだまだ水があると思っている飲みっぷりだった。

僕らは一瞬、「あっ」と思ったが後の祭りだった。運転手も一・五リットルの水を持っていたが、一回目のスタックの後、それをすべて飲み干すところを目撃していた。彼もこの一帯を脱出するのに、こんなに時間がかかるとは思っていなかったようだ。僕と阿部君は、僕のペットボトルの底にわずかに残った水で口を湿らしながら、喉の渇きをしのいでいた。運転手は予備に持っていたガソリンを口に含んで吐き出した。こうすると

喉の渇きが治まるのだろうか。僕がその姿を目で追うと、運転手は、「これはやめた方がいい」といった表情でガソリンの蓋を閉めてしまった。冷静になって考えてみればとんでもないことだった。

しかしあのとき、僕はガソリンでも飲んだ気がする。喉の渇きは限界に近づいていた。助手席に座る男に、「アオ？」と聞き、車の前方を指さしてみる。その意を察した男が、もうすぐだ、といいたげに腕時計をさして笑う。それがつくり笑いのような気もするのだが、僕は「もうすぐだ」という言葉にすがるしかなかった。

喉の渇きが激しくなると、息づかいが苦しくなることを知った。口を閉じることができず、呪文のように「アオ」「アオ」と唱えるしか術《すべ》がない。その瞬間だった。強い太陽に照らされて白茶ける風景の向こうに黒いテントが見えた。蜃気楼かと疑った。確かに黒い布が熱風に揺れている。あそこに人がいる。……水がある。

「あれが水だ」

トラックから乗り込んできた男が指さしたのは濁った小さな川だった。確かに水には違いないが、それが飲めるのかどうかもわからなかった。「飲めるのか」と空になったペットボトルで飲むしぐさで聞くと、男は自信ありげに首を縦に振った。しかし仮に、「この水は飲めない」といわれても、僕は川に向かって走っていた気がする。急な砂の斜面を下り、川岸に立った。足許には無数の黒光りする羊の糞《ふん》が散らばっていた。そんなものは構っていられなかった。両手で水を掬《すく》い口に運んだ。うまかったのかどうか……いまでも僕はわからない。ただひたすら両手で水を掬っていた。男が川のまんなかあたりまで進み、僕と阿部君のペットボトルに水を詰めてくれた。それを受けとり、ぐびぐびと飲んだ。そのとき初めて水から羊のうんこの臭《にお》いが漂っていることに気づいた。

『アフガニスタン』

背後から「ホールドアップ」の瞬間

'81 スーダン、カッサラ

スーダンとエチオピアの国境のカッサラという街を訪ねたときだ。バスターミナルでバスを降りたとたん、僕はなにかイヤな予感がした。チケットオフィスがあり、その横に茶屋があるという、この国ではごく一般的なバスターミナルである。しかし、どこか気の抜けない不気味さを感じた。

この街は、エチオピアのエリトリア州〔現在は独立〕と接していた。エチオピア内で戦闘があると、難民がこの街に流出してきた。だからといって、治安が悪くなるという道理はない。なんの根拠もなかったが、なにかが気になった。

はたして三日目の夜、僕は背後からピストルをつきつけられた。映画を見に行った帰りだった。暗闇のなかで、背中に堅いものを押しつけられた。

「ホールドアップ」

という押し殺したような声が響いた。慌てて手を上げる。そのとたん、背後の男が僕のズボンのポケットをまさぐりはじめた。震える手の感覚が尻や太ももに伝わってきた。ジーンズの前ポケットに、護身用の十ドル札を一枚入れていた。男の手はそれをさぐりあてると、サッと引き抜き、気がつくと走り去る足音だけが聞こえた。

一瞬のできごとだった。

こわごわと手を降ろし、一目散に走った。しばらく走り、ふり返った。そこには暗闇があるだけだった。


『アジア赤貧旅行』

五十度を超える炎熱列車

'19　インド列車

早朝の四時半に起きてアナンダビハール駅に向かった。一日のなかでいちばん気温がさがる時間帯である。だいぶしのぎやすい。三十度は超えていると思うが体が軽い。列車は定刻に発車した。吹き込む風は心地いいほどだった。しかしインドの暑さは甘くない。七時をすぎ、八時をまわった頃から、車内の気温は刻々とあがりはじめた。これからはじまる炎熱の世界に怯《おび》えすら覚えた。

寝てしまえばなんとかなるかもしれない。強い日射しが注《そそ》がれる乾いたインドの農村を眺めながら考えた。幸い車内は混みあってはいなかった。ベッド数と同じ人数が僕らのユニットにいるだけだった。

壁側の二段ベッドの上段にあがった。目を閉じた。天井から熱がおりてくるのがわかる。こうして車内の気温はどんどんあがっていくのか。それでも三十分ほど眠った。朝は四時半起きだからやはり眠い。しかし暑さのせいか、すぐに起きてしまう。シャツは汗でぐっしょりと濡れていた。体を起こし、下に降りようと金属製のポールを握った。

「あちッ」

慌てて、握った手を離した。熱は金属を伝って天井から伝導していた。しだいに息苦しさが募ってきた。おそらく車内の気温は四十度の壁を超えたのだろう。これから何度まであがるのかはわからないが、ただ耐えるしかない時間帯に入っていく。

午後一時にカンプールに着くことになっていた。なにか怖いものを見るかのように、気温をネットで調べてみた。

六月二十日　最高気温四十四度　最低気温三十三度

六月二十一日　最高気温四十三度　最低気温三十三度

今日は六月二十二日だった。おそらく最高気温は四十三、四度になる。夜も三十三度までしかさがっていないが、この列車は午前零時近くにガヤに着く。三十三度の熱気のなかで寝ることはなさそうだった。

車内の気温はさらにあがっていった。生気のない瞳で車窓を見る。畑や泥を固めた壁が続く貧しい村に、太陽はきゅんきゅんと音をたてるように光を浴びせる。村は死んだように静まりかえり、人の姿はない。農夫たちは、物陰で息を潜めているのだろう。

駅や車内で売られる物も変わってくる。十ルピー、約十六円のアイスクリームを買う。食べる端からどんどん溶けていく。十ルピーのペットボトルの水は、冷蔵代が加わって二十五ルピー、約四十円に値あがりする。足許を見られていると思うが、つい買ってしまう。もち込んだ水は鞄のなかに入っているが、湯を飲んでいるのかと思うほど温まっていた。駅のホームでは、塩をふりかけたキュウリが売られるようになった。

午後一時から三時。この時間帯がいちばんきつい。前日の列車もそうだった。パキスタン北部から北インドにかけ、高温の空気がどっかりと居座っている。ひょっとしたら、気温は五十度を超えているかもしれない車内から見あげると、そこに魔王がいるように思えてくる。魔王に支配された時間帯は、魔の時間だった。

眠ってやりすごせないか。今度は反対側のベッドの上段に体を横たえた。ここのほうが風がうまくあたる気がした。なんとか寝ようと眼鏡をはずそうとした。その瞬間、熱くて指を離してしまった。眼鏡の金属フレームは、指で触れないほど熱を孕《はら》んでいた。日本の温泉で、眼鏡をかけたままでサウナに入ると、よくフレームをもてないほど熱くなった。サウナの室温は八十度や九十度に設定されている。まさかそこまで車内の気温はあがっていないとは思うが、五十度は超えているということかもしれなかった。

後日、眼鏡の汚れが気になった。レンズの中央の変色した部分が花びらのような形をしていた。いくら拭《ふ》いても、汚れが落ちなかった。帰国し、眼鏡屋にもち込んだ。

「これは落ちません。ガラスの表面のコートが熱で変質してしまったんです。夏、車のダッシュボード脇のボックスに眼鏡を入れておくと、こうなることがあるんです。高温のなかにずっと置いておくと……」

眼鏡をつくらなくてはならなかった。インドの炎熱列車に出費を強いられてしまった。

上段のベッドで少し寝た。しかし三十分ほどで目を覚ましてしまった。ベッドのビニールシートに背中をつけていたが、そこが変色するほど汗に濡れていた。身を起こしたとき、体全体に違和感を覚えた。意識が少し遠のくような感覚もある。

まずいかもしれない……。

慌てて首筋に水をつけた。少しは体温がさがるかもしれないと思ったのだ。ペットボトルの水を手で受け、顔にも塗ってみた。少し楽になった。ただ息苦しさはあった。何回も肩で息をした。熱中症？　汗を拭《ぬぐ》いながら考えていた。

列車はガンジス川を渡り、大きな街、ラクナウに着いた。午後四時半。空気のなかの熱の密度のようなものが少しずつ低くなっていく。なんとか魔の時間を脱出した。

『ディープすぎるシルクロード中央アジアの旅』

恐ろしい笑顔を見たとき
'87　タイ、バンコク

夜十一時をすぎる。すると、大通りのあちこちでバンコクの魑魅魍魎《ちみもうりょう》たちのカーレースが始まる。日本に向う安い飛行機は、バンコク発が午前二時、三時に集中しているため、夜の十一時ごろ空港に向うバスに乗ることが多かった。チャトチャックを過ぎ、バスは空港行きのハイウェイに入る。このあたりまでくると、さしもの渋滞も消え、バス停とバス停の間隔も長くなる。バスもスピードをあげる。この通りには、二十九番、五十九番、冷房バスの十番など数路線のバスが走っている。と、どういうことがおきるか。バスのカーレースが始まるのである。もちろん乗客は乗っている。それでいてカーレースをしてしまうのである。

一度、そんな運転手の顔を見ていたことがあった。年のころ、四十数歳。実直そうなドライバーだった。彼がこの通りを運転していると、その横に一台のバスがきて追い抜きにかかった。一瞬、そのバスの運転手と目が合ったようだ。そのとき、僕の乗ったバスのドライバーはニヤッと笑った。

あの顔である。

あの笑い顔がでるともう終わりだ。ドライバーは、自分がバスの運転手であることや、乗客が乗っていることを一瞬のうちに忘れ、中年暴走族に変身してしまうのだ。

深夜、タクシーやトゥクトゥク〔三輪タクシー〕に乗ってもこの笑顔によく出会う。その瞬間、突然、エンジンががなり始める。こうなるともう手がつけられない。僕はシートに顔を埋めて、早く目的地に着くことを神に祈るしかない。『バンコク探険』

山越えで横転事故　'14 ミャンマーのバス

バスは三十分ほど走って峠を越えた。スピードが一気にあがった。おそらく多くの車が先を急いでいた。遅れをとり戻そうとしていたのだろう。

坂道をくだりはじめて最初のカーブを曲がった。

「ン？」

減速しない。加速している。僕はそのとき、靴を脱ぎ、足を座席の上にあげ、背を窓側にもたせかけるような体勢で座っていた。一瞬、首をまわして外を見た。窓から晴れ渡った乾季のミャンマーの空が見えた。視界の下側を木々がさっと通りすぎていく。木々は緑色のはずなのだが、記憶のなかでは冬のロンドンの木立のように黒い。さらにスピードがあがった……。

それは一瞬の静寂だった。深い湖の底にいるような感覚。時間にすれば、二秒とか三秒のレベルなのだろうか。聞こえてきたのは、女性の泣き声だった。頭の上のほうから聞こえてくる。首を捻《ひね》るようにして見あげると、そこに女性がうずくまっている。

頭のなかが、しだいに整理されていく。彼女は通路を挟んで反対側の席にいた。その女性が僕の頭上にいる。彼女の体は、僕の頭上を飛んでいったのだ。彼女がうずくまっているのは天井と荷棚の境目あたりだ。

横転していた。

「大丈夫？」

「僕は大丈夫。下川さんは？」

阿部カメラマンの声が聞こえた。

なにをしたらいいのかわからなかった。眼鏡を探した。靴はどこにあるのだろうか。荷物やガラスの破片が散乱するなかで、イモムシのように体を動かしていると、頭上から手がさしのべられた。精悍《せいかん》な顔つきのミャンマー青年が腕を握ってくれる。やっと探しだした靴を履き、彼に支えられて横転したバスのなかを歩く。ガラスが割れる音がガリガリと響く。フロントガラスが割れ、バスの正面はぽっかりと開いていた。そこをくぐって外に出た。

バスはみごとに横転していた。ちょうど道が大きく曲がるところで、道の外側に草地があった。そこに車体の底を剝《む》き出しにして横になっていた。そのスペースがあって救われた。その外側は深い谷である。そこに横転してしまったら、山の斜面で呻《うめ》いていたかもしれない。

運転手は腕から血を流しながら、携帯電話に向かって叫んでいる。ひとり、またひとりと、男たちに支えられながら乗客がバスから出てきている。

「鞄、どうしようか」

「僕がとってきますよ。だいたいの場所がわかるから」

阿部カメラマンが再びバスのなかに入っていった。周囲の車はすべて停まっていた。男たちは全員が車から降り、救出を手伝っている。妊婦がひとりいた。彼女を乗用車に運び込んでいる。急いでパアンにある病院に連れていくらしい。

阿部カメラマンが荷物を手にバスから出てきた。

「僕の席の反対側にいた男が、パーンっていうんですか、口のなかが赤くなるやつ……あれを嚙《か》んでいたんです。赤い唾液《だえき》をペットボトルのなかに吐いていて、それが飛び散っちゃって。一瞬、血かと思いましたよ」

パーンというのは、キンマの葉に石灰を塗ったものにビンロウジの実などを包んで嚙む一種の嗜好品である。口のなかが痺《しび》れるのだが、これがミャンマー人は大好きだった。唾液が赤くなるので、知らない人は少しびくりとする。

これからどうなるのかもわからなかった。日陰に入り、ただぼんやりするしかない。

『「裏国境」突破　東南アジア一周大作戦』

砂漠をひた走る炎熱列車の旅は夜明けから

'81　スーダン、ポートスーダンからハルツームへ向かう列車

列車はほぼ定刻に出発し、気温が下がる夜の砂漠を走った。夜が明け、〔駅に停車し〕もう乗り換え駅のアトバラに近いのか、と地図で駅名を確認しようとしたが、アトバラの手前にそんな駅名はない。僕は地図の線路に沿って視線をしだいにポートスーダンに

近づけていく。悪い予感はみごとにあたってしまった。列車はアトバラまでの行程の三分の一も進んでいなかったのである。そしてついにあの炎熱地獄が始まったのである。完全な砂漠地帯をひた走る列車の車内の気温は、日が昇るにしたがってジリジリ上昇していく。ものすごい勢いで砂が舞い込んでくるため、窓を開けるわけにもいかない。車内の気温は、あっという間に四十度、五十度にあがってしまい、気を失いそうになる。節約しなければ、と思いながらも、どうしても水を飲まないわけにはいかず、しばらくすると用意した水は底をついてしまった。僕はまわりに座る人から水をもらいつつ、暑さをしのぐしかなかった。

いつもそうなのか、たまたまそうだったのかは知る術《すべ》もないが、途中の駅にナイル川の水を運ぶタンク車が止まっていた。すると乗客は我先にと列車から飛び降り、水を運ぶタンク車によじ登り、ハッチを開けて、それぞれの容器に水を詰めはじめたのだった。もちろん僕もそれにならって列車にのぼった。それが川の水であることなどかまっていられなかった。それはまさに僕が生きるための水であったのだ。しかしその水とて、やがては尽きてしまう。体は干《ひ》からび、砂で白髪のようになった髪と、はたくと砂が舞うシャツとズボン姿の僕が、乗り換え駅のアトバラに着いたのは四十八時間後のことだった。アトバラからハルツームに向かう列車は、数時間後にやってきたが、既に車内はすし詰め状態で、乗りきれない客は屋根にのぼりはじめていた。しかしスーダン人というのは、その気候の厳しさがそうさせるのか、なかなか親切な民族で、僕が外国人だとわかると、窓から体を入れさせてくれ、半人分ぐらいの椅子のスペースをあけてくれたのである。

『アジアの誘惑』

ロストバゲージでマイナス十二度の夜

'19　ロシア、サハリン

ユジノサハリンスク空港で荷物が出てこなかったのは、僕らふたりだけだった。やってきた女性職員は、ロシア人にしては愛想がよさそうな笑顔をつくった。（なれているな）と一瞬、感じた。

「たぶん荷物はウラジオストクの空港にあると思います」

「よくあるんですか？」

女性職員はなにも答えず、書類をつくりはじめた。たぶん頻繁に起きている気がした。

「今日はもう便がありません。明日の最初の便は午後三時にユジノサハリンスクに着きます。それから届けるので、五時ぐらいには。ホテルはどこですか？」

そこで困ってしまった。僕らはＡｉｒｂｎｂを通して、アパートを借りていた。はじめはキッチン付きのホテルを探したのだが、一泊八千円近くした。一週間は滞在するつもりだった。予算は十二万円。飛行機代を加算すると足が出てしまいそうだった。そこでＡｉｒｂｎｂのサイトで探すと、「ＳＴＫマウンテンエアー」というアパートが一泊五千五十九円でみつかった。そこに予約を入れていた。ホテルならフロントで荷物を受けとってくれる。しかしアパートである。管理人もいないようだった。翌日の五時に荷物をどうやって受けとればいいのだろうか。

最近、世界には、フロントが存在しない宿や、管理人がいない宿が多い。ホテル代が高い欧米では、その安さに惹かれて、つい、こういった宿に吸い寄せられてしまう。カナダのトロントでもそうだった。ロストバゲージの荷物が届いても、管理人は限られた時間帯しか宿にいなかった。結局、空港にある航空会社のオフィスに保管してもらい、僕が空港に向かうことになってしまった。

そのあたりの事情を、女性職員に伝えた。

「じゃあ、午前十一時に、ロストバゲージのオフィスに電話を入れてください。正確なことがわかりますから」

ここで引きさがってしまうと、気をもむことになる。オフィスは誰も電話に出ないことが多いのだ。これだけロストバゲージに遭っていると、僕も少しは知恵がついてくる。ポイントは、職員の携帯電話番号を教えてもらうことだった。そこまでは粘らないといけない。それを伝えると、女性職員は、自分の携帯電話番号を書類にさらさらと書いてくれた。意外なほどスムーズだった。彼女はタクシーも呼んでくれた。ロシア語でしか書かれていない住所をドライバーに告げてくれた。

トラブルとは重なるものだ。僕は世界の百カ国以上でつながるモバイルＷｉ－Ｆｉルーターを借りている。しかしそのつながり具合に国による差がある。さくっと接続する国が多いが、ときに、十分、二十分と待たなければいけないことがある。ユジノサハリンスクの空港を降りたとき、電源を入れたのだが、なかなか反応しなかった。

Ａｉｒｂｎｂは、ネットがつながっていることが前提の予約システムだった。アパートを貸しだしているのは、オレシャさんという女性だった。彼女からは、アパートに着く三十分前ぐらいにメールを送ってほしいという連絡を受けていた。部屋で鍵を渡すという段どりだった。そのメールを送ることができなかった。そうこうしているうちに、タクシーはアパートに着いてしまった。数センチ積もった雪道を歩く。車を降りると一気に寒気に包まれた。マイナス十二度なのだ。住所を確認した。合っている。僕らが借りた部屋は明るい。しかし、そこに入る手だてがない。何回もスマホをネットにつないでみる。だめだ。ルーターの電源を切り、再度電源を入れてみる。スマホを再起動させてみる。つながらない。十分、二十分……。焦っているせいか、体は寒くないが、スマホを触る指先が痛くなり、しばらく暖めないと操作ができない。

と、窓に女性の姿が見えた。オレシャさん？　阿部カメラマンがスマホのライトを点灯させ、それを大きく振って、「お～い、お～い」と声をかける。しかし気づいてくれない。寒さを防ぐために、窓はしっかりと閉まるのだろう。窓を閉じても外の音が届くアジアとは違う。

なんとか気づいてほしい。さもないと、僕らは外で夜明かし？　そんなことができるわけがない。マイナス十二度なのだ。

僕も手を振った。

何回も振った。

一分、二分……。

女性の顔が動き、こちらに視線が動いた。表情が変わった。窓が開いた。

部屋のなかはとろけるほどに暖かかった。

『12万円で世界を歩くリターンズ——タイ・北極圏・長江・サハリン編』

ヒマラヤの登山道でヒルんだのは……

’88　ネパール、ヒマラヤ

「ハンパじゃないですねェ」

「これがヒマラヤか……」

ダニに刺された背中をボリボリ搔きながら、アンナプルナを見上げる。

だが、その日は昼ごろから雨になった。激しくはないが、執拗な雨脚である。ランドルンの村からいったん谷に下り、再び急坂になる。ジヌーの村からポンチョをかぶる。しかし、これがいけなかった。ポンチョは木の枝や石に触れ、雨で元気づき、獲物を待ち構えるヒルをかき集めてしまうのだ。ポンチョに吸いついたヒルはシャクトリ虫のように進み、上着の布目に入り込み、知らぬ間に下着の中に侵入し、血を吸い始める。気がつくと、下着や靴下が鮮血に染まっていた。

僕らは雨をよける余裕もなく、山道でズボンを脱ぐ。パンツ一枚になり、皮膚に食いつき、血を吸ってナメクジ大にぷっくりふくらんだヒルをむしりとろうとする。タバコの火を近づければヒルは死ぬと教えられてはいたが、ふくらんだヒルを目にするとそんな余裕すらなくなってしまう。ヒルにヒルんでしまうのだ。

ヒルに食われても、痛くもかゆくもないのはいやなものだ。どこかにいるのかもしれない、と常に怯えなければならない。疑心暗鬼に陥ってしまうのだ。僕らは十分歩いては立ち止まり、互いに靴やズボンについたヒルを殺し続けながら登らなければならなかった。ヒルの森はどこまでも続く。


『12万円で世界を歩く』

人が多すぎる列車内の夜

しかし2日目の夜、僕はひとつのベッドにインド人青年と一緒に横になっていた。本来なら、S10―7のベッドに日本人ふたりで寝なければいけないのだが、僕が別の席に座っているうちに、こういうことになってしまった。理由は途中から乗ってきたインド人たちだった。彼らは全員、ウェイティングリスト組だったのだ。ベッドがないのだ。インドの駅は改札がない。本来は乗ることができないウェイティングリスト組も乗車は可能だ。それを排除するのは車掌の役割なのだが、彼らはそれをしなかった。それがインドの優しさなのだろうか。膨大な人口を列車で移動させるインド式対処術というべきなのか。

二十人の乗客が八床のベッドと床に散らばり、車内はぎりぎりの均衡がとれていた。それが崩れたのは午前二時、コルカタの北にあるマルダタウン駅だった。そこから、正式な予約切符を手にした男性がふたり、乗り込んできたのだ。「ここは俺のベッドだ」と主張する中年男に、ウェイティングリスト組は、内心、

「空気が読めないやつだな」

と思ったのかもしれないが、予約がとれた切符の前ではなにもいえない。

四人があぶれた。彼らの寝場所をめぐって大移動が起きたが、無理がある。僕は本来のS10―7に戻った。しかしそこにはさらにふたりのインド人青年が座った。通路も埋まり、足をおろすこともできない。僕は体育座りの体勢で寝るしかなかった。つらくて長い夜が更《ふ》けていく。インド人青年たちは、さまざまな体勢だが、熟睡している気配だ。彼らはどこでも寝ることができるらしい。

トイレに行こうと思った。しかし床に足を置くスペースはない。寝ている男の体の隙間につま先を差し込み、バランスをとりながらトイレをめざす。車内は暗く、足許はよく見えない。五歩目か六歩目、体重を乗せた足裏に骨の感触が伝わってきた。

「ごめん」

と足を動かしたが、青年は寝たままだった。

インド人は足を踏まれても起きない――。

『鉄路2万7千キロ　世界の「超」長距離列車を乗りつぶす』

激しい下痢の末に病院へ

'02 アフガニスタン、カブール

その日の夜がいちばんつらかったような記憶がある。痛みはまったくなかったが、思うようにならない体を右や左に動かし、枕の位置を変えてみる。胃の下に毛布を挟んでもみた。阿部君によると、うとうとと寝ながら僕はずいぶん呻《うめ》いていたらしい。翌朝、明るくなってトイレに向かい、そこにある鏡を見ると顔が変わっていた。目の周りには隈ができていた。病院——。鏡を見ながら僕は呟《つぶや》いていた。

「行ってみるか」

九時ごろだっただろうか。宿のマネージャーに声をかけられた。その日の朝、体調の悪さを伝えてあった。マネージャーの顔つきはすぐれなかった。ようやく復興が始まったカブールという街に、まっとうな病院があるのかもわからなかった。仮にあったとしても、地雷で足を吹き飛ばされた少年や栄養失調で担ぎ込まれた少女がうごめいているのかもしれなかった。それに比べたら、僕は下痢と吐き気が続いているのにすぎない。マネージャーの浮かない顔が気がかりだった。

病院は宿から歩いても行ける距離のようだったが、僕はマネージャーに頼んでタクシーに乗った。わずか百メートルの距離でも歩く気力がなかったのだ。病院の入口では入念なボディーチェックがあった。タリバンやアルカイダの負傷兵が入院しているのかもしれなかった。

正面入口はとんでもない人だかりだった。足が象の足ほどに膨らみ、青黒く変色した男が横たわっている。その横で老婆がうずくまっている。玄関には数十人の男や女が集まり、病院の職員らしき男と「入れろ」「入れない」を繰り返している。見上げると、病院の窓という窓はすべて割れていた。爆風で吹き飛んでしまったのかもしれなかった。僕はマネージャーと顔を見合わせた。

「無理だな」

それでも彼は近くで病人を整理する職員に声をかけてくれた。「外国人なんだ」と訴えているようだった。本館の横にある小さな建物を教えてもらった。のろのろとした足どりでその建物の入口をめざす。どうも特別な診療所があるようだったが、果してそこも人で埋まっていた。ひとりの女性が、同じようにブルカを着たふたりの女性に抱きかかえられていた。そのひとりが、激しい口調で入口を埋める男たちを詰問する。しかし無視を決め込む男の足には包帯がぐるぐると巻かれている。ここもだめだった。彼らを押し退けて前へ進むことは僕にはできそうもなかった。

「午後の四時になれば、ドクターのクリニックがオープンする。そこに行った方がよさそうだな」

マネージャーの男がいった。

「クリニック?」

「昼間、病院で働いているドクターが、プライベートで診てくれるんだ。少し高いけど、ここみたいなことはないはずだ。それまで待とう」

僕は頷《うなず》くしかなかった。

『アフガニスタン』

山道を行くバスで圧死寸前⁉

'88　インドネシア、スマトラのバス

バスはメダン市を抜け、しだいに山道にかかっていった。僕らがめざすプラパトはトバ湖畔にある街で、そこへ行くためには標高千四百メートルの峠を越えなければならなかったのだ。山道にかかるにつれ、道はどんどんひどくなっていった。道は一応、アスファルトで舗装されていたのだが、その工事が相当に杜撰《ずさん》だったとみえ、道のあちこちに直径一メートル、二メートルといった穴がボコーン、ボコーンとあいてしまっていた。これだけ穴が多いと、バスもそれを避けて通ることが難しくなる。片方の車輪がその穴に入ると、車体が大きく傾いた。すると車内でとんでもないことがおきた。なにしろ横七人が身動きひとつとれない状態で座っているのである。その人間が全員で傾くわけだから、その体重がすべて窓側に座る人にかかってくるのだ。僕らはまったく愚かだった。こんな状態になるとは知らずに窓際の席に座ってしまったのだ。反対側に傾いたときは、ただ体を隣の人にあずけるようにすればいいのだが、こちら側に傾くと、六人分の体重がすべて僕にかかり、体は窓に押しつけられ、内臓がとびでるのではないかと思うほどの圧力を受けるのである。不幸にも僕の隣は汗臭いおじさんだった。その体臭がグイグイと体にすりつけられる。これもたまったものではない。僕らは十分に一度ほどの割合で、この重みを受けなければならなかった。僕は自分の体がこれでもか、これでもか、と水をしぼりとられる雑巾になったような気がした。それをひたすら繰り返したのだ。

『バスの屋根から世界が見える』

LCCで今日も徹夜

’14　東京

LCCのつらいところは、運航時間が早朝や深夜になる場合が多いことだ。たとえ国内線であっても苦行を強いられる。

ジェットスター・ジャパンで沖縄に行った。成田空港を朝の6時10分に出る便だった。いまはもう少し改善されていると思うが、利用した2014年当時は……。都心からの足はもっぱら東京駅から成田空港から早朝に出発する便には何回か乗っていた。当時の始発は東京駅を朝の5時30分に出る便だった。これでなんとか間に合っていた。

しかしジェットスター・ジャパンの沖縄行きの早朝便は、そういうわけにはいかなかった。

東京駅を午前1時30分に出るバスに乗るしかなかった。徹夜でLCCに乗ることになる。そこまでして……という思いはあるのだが、やはり、安かった。

午前1時すぎにバスの停留所に向かう。すでに列ができていた。成田空港まで900円というこのバスは、予約した人と予約のない人がそれぞれ別の列をつくる。予約のない人が多い。ここで待てば乗ることができるということらしい。

バスは定刻に発車した。深夜の高速道路を走るのだが、妙にゆっくり走る。そして成田空港手前の酒々井《しすい》サービスエリアで5分間の休憩。空港に着いたのは3時だった。

ゆっくり走り、通常はない休憩までとる理由が、成田空港に着いてわかった。空港がまだ開いていなかったのだ。時間を稼ぎながら空港に向かったわけだ。

乗客はすることもなく、ドアの前で待つ。すると3時30分、警備員が現れ、ドアの鍵を開けはじめた。乗客はぞろぞろとターミナルビルに入る。電灯が次々についていった。チェックインコーナーに向かった。しかし暗い。自動チェックイン機だけが光ってい
る。チェックインを試みたが、時間が早いようで、カウンターに行くように書かれた紙が出てくるだけだった。

スタッフが現れ、電気がついたのは4時頃だった。出発の2時間前からチェックインをはじめるということらしい。4時10分。チェックインがはじまった。

預ける荷物はないから、チェックインはすぐに終わる。そこからセキュリティチェックに向かったのだが、そこが閉まっていた。

バスは意図的に30分遅れで着いた。そして、ターミナルビルの前で30分、チェックインコーナーの前で30分、そしてセキュリティチェックの前で……と、中途半端な待ち時間が続く。

眠い……。その状態で中途半端に30分待つのがつらい。椅子で寝るには短く、待つには長い30分。

セキュリティチェックがはじまったのは5時少し前だった。これから搭乗口で、バスに乗るまで30分ほど待つことになる。

この30分を全部集めたら2時間30分になる。これをまとめて眠ることができたら、どんなに体が軽くなるだろう。そんなことをぼんやりとした頭で考える。

もう少し、うまい接続というものはないだろうか。なんでも大江戸温泉物語で休んで午前3時台に出発するバスもあるようだ。温泉の優待割引を受けられるようだが、4000円台、5000円台というLCCに乗る身にすれば、やはり高く映る。ほぼ徹夜状態で飛行機に乗り込んだ。『僕はLCCでこんなふうに旅をする』ことッと寝てしまった。

強烈な枝パンチを打たれた瞬間

'16 ミャンマー、ダウェイからヤンゴンへ向かう列車

それは鈍いが、いつまでも痛みが引かない衝撃だった。僕は窓際の席に座っていたが、つい、うとうとと浅い眠りに落ちてしまったらしい。そのとき、棒のようなもので喉を痛打されたのだ。

「痛ッ」

あわてて喉を押さえた。いったいなにがおきたのか、一瞬、わからなかった。列車はあい変わらずゆっさゆっさと揺れながら進んでいる。

線路の脇は高さ数メートルの土手になっていた。そこには南国の草や木がぎっしりと生えていた。列車は伸びた枝や草を押しのけるように進んでいた。日本なら鉄道会社から依頼を受けた業者が、草刈り機で草木を切っている。仮にそのなかの枝が伸びてきても、窓が開かない車両が多いから、枝が窓からなかに入ってくることはなかった。しかしミャンマーは、そのどちらも欠けていた。国鉄に予算がないのか、土手の草木は亜熱帯の光を浴びて元気に伸びる。そして車両は冷房というものと無縁だから窓は開けられている。

それまでも伸びた木の葉が入り込んでくることがあった。しかしその枝は柔らかく、髪や頬に触る程度だった。

しかしそこそこの太さのある枝が、線路の上まで伸びていたらしい。平均時速が二十三キロとはいえ、列車は枝を押しのけ進む。その力でたわんだ枝は戻ろうとする。たまたまそこに開けられた窓が通ると、

「パチーン」

とくるようだった。枝パンチである。

喉をさすりながら、そんな列車と草木の関係を考えてみる。たまたまそこに、僕の喉があったのだ。

慌てて窓から遠のいた。次の枝パンチが襲ってくるかもしれなかった。しかし隣には乗客がいるから、そう離れることはできない。眼鏡をはずした。最近つくった遠近両用

眼鏡だった。阿佐ケ谷駅近くの眼鏡屋でつくったが、二万円近くもした。枝パンチを食らうとすれば、位置関係からして顔だった。眼鏡を直撃されたら……。

しばらく揺れるだけの列車旅が続いた。ときおり繁茂した枝や葉の塊が窓のなかまで入ってきたが、顔を動かしてなんとかかわした。


『ディープすぎるユーラシア縦断鉄道旅行』

丸三日、昼も夜もバスに乗り続けて

'06 インドのバス

バスは七時すぎに、小綺麗なドライブインで停車した。このバスは路線バスではないから、ちゃんと夕食の時間がとられている。定食風のカレーをナンで頬張りながら僕は口を開いた。

「このバスで明日の十時半まではきついよなぁ」

聞いていたふたりが慌てて顔をあげた。

「嘘でしょ。夜の十時半ですよ。だから後三時間半。あのチケットを買ったオフィスでたしかに夜の十時半だと……」

「そ、そうなんだ。夜だったんだ」

本当なら飛びあがるほど嬉しい聞き違いだったはずだ。しかしそれを聞いた僕は、驚くほど無感動だった。いま思い返しても不思議なのだが、その会話はなんの違和感もなく聞こえたのだ。僕はもう、どうでもよかったのかもしれない。インドのバスに精力を完全に奪いとられていた。

しかし夜の十時半というのは、バスのチケットを売ったオフィスの大嘘だった。ジャランダーという街に着いたのは、翌日の午前二時だったのである。数少ない街灯を頼りにホテルを探した。開いていたのは、一泊七千円近くもする高級ホテルだけだった。僕らはそれが儀式であるかのように、コンセントを探して充電に走り、順番に風呂に入った。シャンプーで洗った髪からは真っ黒い湯が流れた。橋野君〔旅の同行者〕はバスタブに湯を溜めたらしい。

「もうお湯がネズミ色ですよ」

バスタオルで髪を拭《ふ》きながらそういった。彼の顔も風呂に入る前に比べると、心なしか白くなった気がする。たぶんそれは僕も阿部氏も同じだった。

そこまでは僕も覚えていた。しかしその後の記憶がない。覚えているのは、妙に頭が熱いということだけだった。僕はベッドに横になると、あっという間に寝入ってしまったらしい。

翌朝、その後のことを阿部氏がこう話すのだった。

「あの後、ビールでも飲んで一気に寝ちゃおうって橋野君がいうんです。それもいいかなって頷き、橋野君が部屋の電話をとって、俺に訊くんですよ。『どうしていま、俺は受話器をもってるんだろう』って。椅子で話していて、三歩ほど歩く間に忘れちゃったんです。僕らやばかったですよ」

僕も同じことを考えていた。

その夜、僕は生まれてこのかた、見たこともなかったほどたくさんの夢を見た。次から次へと夢が湧き出てくるような感じだった。

どこか自分が怖くなった。

これはどこかでちゃんと休まなくちゃいけない——。

そうでもしないと脳が壊れてしまう。

まじめにそう考えていたのだ。しかしいったいいつ、ゆっくり休めるのかとも思う。どこかでのんびりしてしまったら、もう腰があがらず、バスに乗る気力が湧いてこないような不安が頭をもたげてくる。

『5万4千円でアジア大横断』

この世のものとは思えない吊り橋

'18 ヒマラヤ、アンナプルナのトレッキングコース

一時間ほど山道を進んだ。下山するトレッカーも多い。なかにはかなりバテている人もいた。朝、チョムロンの村を出発したはずだった。くだりの道で、ここまで体力をとられる。その道を今日、登らなくてはならない。手強そうな道のりだった。

目の前に、この世のものとは思えない長い吊り橋が見えてきた。ニューブリッジだった。登山口からここまで二時間はかかると思っていた。その半分の時間で到着した。順調に登ってきたのだが、橋を前に足が止まってしまった。吊り橋を渡っているわけでもないのに足が震えた。できれば渡りたくなかった。

三十年前を思い返してみる。ランドルンの村からモディ・コーラの川底近くまでくだった。そこでそれほど長くはない吊り橋を渡った。河原のようなところを歩いた記憶もある。基本的にモディ・コーラの東側を歩いたから、もう一回、川を渡ったのだろう。そこから急な登山路に汗を絞り、必死に登ってチョムロンの村に着いた。その日に登った標高差は一〇〇〇メートルにもなった。

そこに新しい吊り橋が架けられた。長さは二百八十七メートル。長い吊り橋ということは、それだけ川までくだる高低差が少ないということだ。この橋のお陰でずいぶん楽になったわけだ。六十歳を超えた足腰を考えれば感謝しなくてはいけないのだろうが、

そこには吊り橋の恐怖が寄り添っていた。

つらい登山道に歯を食い縛るか、揺れる吊り橋の怖さに耐えるか……。それはアンナプルナのトレッキングコースの究極の選択に思えた。おそらく、三十年前の道も残っている気がした。吊り橋を渡らず、一気に谷におりて、また登る。そのルートを選ぶこともできる。

吊り橋の渡り口まで行ってみた。その看板には、「2017/2018」と書かれていた。橋が完成して、まだ日は浅かった。イギリス人からの寄付とも書かれていた。おそらく、かつての傭兵グルカ兵だろう。

イギリスの植民地になったネパール、その山に暮らす男たちは、優秀な兵士として登用され、ミャンマー、マレーシアへと広げていったイギリス植民地で闘うことになる。その一部は、第二次大戦後、イギリスに渡り、イギリス国籍を取得していった。そんな彼らが、自らの出身地に、吊り橋をプレゼントしたわけだ。

三十年前、チョムロンの村で、T・B・グルンさんという村長と話をした。彼もかつてはイギリスの傭兵だった。グルカ兵だったのである。

(余計なことをして……)

と心のなかで呟《つぶや》く。この吊り橋がなかったら、皆、谷をくだり、再び急な登り坂を歩いたのだ。

いったんくだるか、橋を渡るか……。

渡るしかなかった。自分の体力を考えたら、やはり渡るのが筋なのだ。しかし、橋は揺れるのである。

渡り口の看板には、こんな注意書きも書かれていた。

「馬が渡ってきても立ち止まるな」

揺れる。足がすくみそうになる。なんとか早く渡り切ってしまおうと気が急《せ》くのだが、急くとさらに揺れる。「下を見るな。顔をあげて前方だけを見続けろ。絶対に落ちることはない」……。自分に暗示をかけながら進む。しかし眼下の川はどうしても見えてしまう。橋の高さは百メートルは超えている気がする。

吊り橋に慣れた地元の子供たちが、話をしながらずんずんと進んでくる。

（なんて無神経なんだ。こっちは必死に渡り切ろうとしているのに）

彼らとすれ違うときがいちばん怖かった。橋の幅は一メートルもないのだ。

『12万円で世界を歩くリターンズ——赤道・ヒマラヤ・アメリカ・バングラデシュ編』

なぜバスから悲鳴があがったか

'89 パキスタン、クェッタからクフターンへ向かうバス

バスは順調に進んでいた。

時計の針は、夜の九時を指していた。

突然、バスの後部座席のほうから悲鳴とも叫びともいえない声が響いた。そのとたん、バス全体が急に震えはじめた。いったいどんなところを走っているかは知らないが、ものすごい振動が体に伝わり、頭や頬の肉がブルブルと震えた。窓ガラスはすべてがガタガタと鳴り響き、隣の人と話すこともできなくなった。しかしそのときの僕は、それほどあわててはいなかった。

「しばらく走れば、またもとの舗装道路に戻るだろう」

と思っていた。

十分がたった。

二十分がたった。

振動はいっこうにおさまらなかった。それどころか、ますますひどくなる。そのとたん、僕はハッとした。

これだった。

世界三大地獄交通機関といわれるのは、このバイブレーションのような振動だったのだ。

僕は前の座席の背のところについているバーをつかみ、体の揺れをおさえようとした。しかし、なかなかバーをつかめない。気を鎮《しず》めようとタバコを喫《す》うことにした。なんとか胸ポケットからタバコを一本とりだして口にくわえ、ライターの火をつけ、その火をタバコの先端につけようとした。しかしいくらタバコに火を近づけようとしても近づかない。振動で体と手とタバコが揺れ、どうしてもタバコに火をつけられないのだ。十分ほど火をつけようと試み続けただろうか。しかしついに諦めざるをえなかった。僕は砂漠用の食糧にとリンゴを買ってあった。足元に置いた鞄にそのリンゴは入っていた。なんとか鞄に手をつっ込み、リンゴをひとつつかみ、口のところへ持っていこうとした。必死でリンゴにかぶりつこうとするのだが、どうしても歯がリンゴの皮を破れない。いっこうにリンゴを食べられないのだ。これも十分ほどトライし続けただろうか。しかし結局は諦めざるをえなかった。振動はかたときも休まることがなかった。バスの窓枠はガタガタと鳴り続け、ますます車内に響く。諦めたように前のバーに頭をうつけようとするのだが、額がガタガタとバーにぶつかり、体の振動がより増幅されてしまう。

とんでもない振動だった。

これが六時間半続いた。

眠れるどころではなかった。

悪い予感は当たるもの

'16 ミャンマー、イエからヤンゴンへ向かう列車

たまたま隣の席があいていた。体を横たえ、揺られていると、背中にチクッという痛みを感じた。

悪い予感が脳の細胞のなかにまた広がりはじめた……。

二十年ほど前、ヤンゴンからマンダレーに向かう列車に乗ったことはお話しした。そのときもアッパークラスに乗っていた。当時、外国人はアッパークラスしか乗ることができなかった。運賃はやたら高いドル払いの外国人料金だった。その列車で激しい揺れを体に刷り込まれてしまったが、もうひとつ、つらい記憶があった。ダニだった。背中から下腹部をやられた。

そのとき、チクッと感じた痛みは、まもなくかゆみに変わった。体をよじるように背もたれの凹凸に背中をすりつけたりもしたが、かゆさは増すばかりだった。乗ったのは夜行列車だった。ほとんど眠ることができない夜をすごし、到着したマンダレーのホテルで背中を鏡に映すと、十数ヵ所をやられていた。

人の記憶などというものは脆弱《ぜいじゃく》なものだと思っていた。二十年もたつと、そのかゆみもすっかり忘れている気がした。しかし、背中にチクッときたとき、記憶細胞が一気につながってしまった。あの痛みだ。ダウェイからの列車で刺されることがなかったのは、たぶんダニの活動時間の問題なのだろう。夕方になり、彼らは座席のクッションのなかを、もそもそと動きはじめたようだった。

頭のなかに浮かびあがってくる悪い予感は、僕の場合、かなり当たる。それが東南アジアというものだ。イエからヤンゴンに向かう列車のなかで、背中から伝わってきた小さな痛みは、すぐにかゆみに変わっていった。手摺《てすり》に頭を乗せ、体を横にして目を閉じていたが、頭のなかでは、肉眼では見えないダニの姿がどんどん大きくなっていく。八本の足をぞろぞろと動かし、僕の背中を這っている。皮膚の柔らかい部分をみつけると、その口で嚙《か》み、血を吸い、彼らの体は膨らんでいく。一ミリにも満たないダニは、頭のなかで、『風の谷のナウシカ』のオームのように巨大化し、僕はガバッと体を起こした。

『ディープすぎるユーラシア縦断鉄道旅行』

蚊の大群が雪のように舞う

'89 カナダ、北極圏

雪が舞っているのかと思った。車は北緯六七度を越え、広大なマッケンジーデルタに迷い込んでいた。幸い、天候は回復し、太陽が顔を出している。その光を浴び、無数の細かい粒が車のまわりを流れるように飛んでいく。この一帯に橋はなく、マッケンジー川をフェリーで渡る。その乗り口で細かい粒のナゾがわかった。

蚊だった。

夥《おびただ》しい数の蚊の大群が、この広大なデルタを埋めていたのである。ふとカメラマンの顔を見て慄然とした。ものすごい数の蚊が髪の毛に群がっていたのだ。その瞬間、僕の頭皮にチクッという痛みが走った。あわてて髪の毛をかきむしったが、すでに数カ所を刺され、間もなく頭はボコボコにはれてしまった。

北極の蚊は大型で、相当にしつこい。いくら払いのけても離れようとせず、頭上に蚊柱をつくる。それから逃れようとして走り回る。立ちどまるとまた襲ってくる。頰、目頭、手……。血を吸った蚊をもう何匹殺しただろうか。絶え間なく耳元で聞こえるブーンという羽音に気が変になりそうだ。向こうからインディアンが歩いてくる。彼らも百匹を超える蚊を引き連れている。手には葉のついた枝を持ち、頭のまわりで振り回している。

車に逃げ込んだ。しかし、ドアの開閉の間に数十匹の蚊が入り込み、羽音をたてるのだった。

それから三日間、僕らは蚊に悩まされ続けた。途中で日本製の蚊取り線香を手に入れ、逆襲に転じたが多勢に無勢だった。

『12万円で世界を歩く』

生きた心地がしないバスに乗ってしまった

'81　バングラデシュ、ダッカからジェソールへ向かうバス

しかし、僕がバスで前後方向の衝撃を受けたのはバングラデシュの乾季だった。水はない。それはうれしいのだが、こうなるとバングラデシュ人のドライバーはバスという遊び道具を手に入れた子どものようにぶっとばすのである。そのとき僕はダッカからインド国境のジェソールに向かうバスに揺られていた。バングラデシュの盛り土をしてつくった道はだいたいがそうなのだが、一車線しかない。そこをアクセル全開のスピードでとばすのである。もちろん対向車もある。むこうからトラックやバスが来ると、けたたましくクラクションを鳴らす。もちろんむこうも同じバングラデシュ人ドライバーだから、クラクションを鳴らす。互いに横にどけとおどしているのだ。しかし互いに譲ろうともしない。それどころかさらにスピードをあげて相手を威圧する。それをお互いがやるのだからたまったものではない。対向車がグングン近づき、僕は体をこわばらせて、

「あああ……！」

と声にならない悲鳴をあげる。と、そのとたん、二台の車はかろうじてすれ違っているのだ。どちらが譲ったというわけでもない。互いに外側のタイヤを路肩ぎりぎりまで寄せてすれ違うのである。これを対向車と出あうたびにやるのだから、生きた心地がしない。乗客の僕は、乗っているだけでヘトヘトになってしまった。ドライバーの顔をみると、ギリギリですれ違うたびに、ニヤッと笑って乗客に顔を向ける。

「どうだ、うまいだろう」

というわけである。そんなことはどうでもいいから、前を向いて運転してほしいのだが、そのあたりにバングラデシュのバスドライバーの職業意識があるらしく、これはたまったものではないのである。

これでよく事故がおきないね、などと思う向きもいるかもしれないが、実は事故は頻繁におこるのである。バングラデシュの道を一時間も走ると、この対向車とのすれ違いに失敗し、二、三メートル下の水田に落ちてしまったバスやトラックを少なくとも一台は目撃するのである。これはもう運を天にまかせなければ乗れないようなバスなのであ

る。そのとき僕が乗ったバスもハデにとばしていた。クラクションをより大きな音がでるように改造しているらしく、うるさいこともこのうえない。なにもおきずにジェソールまで着いてくれればいいのだが、と思っていた矢先、

「ガツーン」

と体に衝撃が走り、僕は頭を前の座席の背にひどく打ちつけていた。なんてことはない。対向車もないのに、小さな橋の上でハンドルをとられ、バスは欄干《らんかん》に激突したのである。車内には悲鳴が走り、僕の隣の窓側に座っていた奴は、頭を窓枠にしたたかぶつけたとみえ、額から血を流していたのだ。しかし困ったことに、バスはいったん停止したものの、エンジンに異常がないとわかると、また再び、なにごともなかったかのように進みはじめたのである。僕はムチ打ち症になったのではないかと首をさすり、隣の男はバッグのなかから布をとりだして額にあてていた。ドライバーはなにひとつ気にするでもなく、車掌は客の状態に目をやるわけでもない。バングラデシュ人というのは、バスについて大きな誤解をしているような気がしてならない。

『バスの屋根から世界が見える』

第2章

食べ物・酒編

街の安食堂、屋台、節約旅のお供、車内販売、慣れない食材で自炊……国が変われば食も変わる。世界で出合った、絶品あるいは変な食べ物・飲み物の話。

ベトナム人のフォーへのこだわり

'17　ベトナム、ホーチミンシティ

「フォー屋に入るでしょ。ベトナム人の知人と入ると、彼らはまず脂はそのままか、脂は抜くか、具のモヤシは茹でるか生か……といった注文をはじめるんです。あー、またこの時間か……と苛《いら》つきますね。たかがフォーでしょ。こちらはお腹がすいてるから早く食べたい。僕はどっちだっていいんだけど、知人は、どうする？って訊いてくる。しかたないから、モヤシは茹でて……なんていってしまうけど」

ホーチミンシティに暮らす日本人とフォーを食べながら、彼の口をついて出るのは愚痴だった。

「日本人と食べると楽ですよね。フォーっていうひとことで注文が決まってしまう。せいぜい肉の種類を訊くぐらい。そしておいしいって食べてくれる。でもベトナム人は違います。出てきたスープに脂が浮いていると、脂抜きっていったじゃないかって突っ返すときもある。なかなか食べるまでに辿り着けないんですよ」

「そりゃ、日本人の多くは、ベトナム語を話すことができないからじゃないですか」

「いや、違うと思う。彼らは脂抜きか、脂入りか……目を閉じて食べてもわかるような気がするな」

フォーはベトナムを代表する麺料理である。米の麺で、それ自体のコシは弱い。日本のラーメンのように小麦粉とかん水というアルカリ塩水溶液が化学反応を起こしていないので消化もいい。ベトナム人は朝となく、昼となく、このフォーを食べる。


『週末ちょっとディープなベトナム旅』

台車つけ換え作業員から買ったビール

'97　ベラルーシ、ブレスト駅

台車のつけ換えをする作業員たちは明るい男が多かった。窓はもちろんドアや連結部分もしっかり閉められているから、その声は聞こえないが、なにかさかんに話しかけているようだった。そのうちに彼らは、蛍光塗料の帯の入った作業着のなかから一本のビールをとりだした。

「……?」

「あれ、売ろうってんじゃないの」

そのうちに、ひとりの男が片手をジャンケンのパーのように開いてみせた。

「五ドルってこと。そりゃ高いよ」

桃井氏〔同行カメラマン〕がその場で人差し指を一本だけだす。さすがにカメラマンというのは反応が早い。作業員は顔を横に振ったが目が笑っている。これは一ドルでOKということだ。だが交渉が成立したところで、どうやってビールを受けとるのか、という問題が残る。乗客が間違って外に出ないようにドアは完全に閉められているのだ。しかしそこは作業員である。あらゆる道具を持っているのだ。彼らは連結器の部分に飛び乗ると、なにやらガチャガチャとやってそこのドアを開けてしまったのである。そこでわかったのだが、彼らは全員、作業着の裏側にビールを隠しもっていた。それも一本や二本ではない。相当に重い上着なのである。そんなものを何本も内ポケットに入れてとり換え作業をしているのである。たまにはその一本をとりだして、自分で飲むのかもしれないが、大半はここを通過する乗客に売りつけているのである。つい、

「しっかり働けよな」

といいたくなってしまう。作業員から一本一ドルのビールを三本買った。これでベラルーシ、いやロシアか、なんでもいいけどかつてのソ連を脱出する。もう夕暮れどきである。明日の朝にはベルリンに着く。それを祝って乾杯といこうじゃないか。そのくら

いの余裕があってもいいはずだ。秀吉のゾウリの話ではないが、内ポケットに入れられていたビールは人肌に温められていた。まあ、それでもビールはビールである。栓をこじ開け、壜の口を含んでグイッと飲む。なま温いビールはヨーロッパの味がした。

『世界一周ビンボー大旅行』

こだわりの車内販売

'10　ベトナム、ホーチミンシティからハノイへ向かう列車

温かくなければ食べない――。

サイゴン駅で列車に乗って以来、何回となく教えられたベトナムの流儀だった。

サイゴン駅を出発してしばらくすると、昼食の車内販売がはじまった。玉子焼き、ブタ肉炒め、青パパイヤ炒めというおかずにご飯。タイとは違い、ベトナムの列車は国鉄職員の仕事だった。これで一食二万五千ドン。百二十五円ほどである。その弁当を受けとり、さて食べようか……と箸をとると、もう一台のワゴンが大型保温ジャーを乗せて現れた。そして弁当を買った人に、スープを配りはじめたのである。

スープを啜《すす》ってみた。ドクダミの葉が入った温かいスープだった。ドクダミの葉は、ベトナム人の好物の葉物だった。おかずを生のライスペーパーでくるむ生春巻は、ベトナム料理の代表格のひとつだが、頼むと、さまざまな葉が入った葉物セットが必ずついてくる。ベトナムの人々は、その生の葉も一緒にくるんで食べる。そのなかに必ずといっていいほどドクダミの葉も含まれていた。なんでも体にはとてもいいと聞いたことがある。車内の弁当にも、そのスープがついてきた。それも温かいものをジャーに入れて……。

さまざまな国で駅弁を食べてきたが、これだけしっかりとしたスープがつくのは珍しかった。国によっては弁当だけを売り、あとは各々が買う水やお茶というスタイルも多かった。ベトナムでは、そういう安易なことをしないのである。

タップチャンから乗った列車では、夕食の弁当を買ったが、そこにも空心菜の温かいスープがついてきた。唸《うな》ったのは、車内の一夜が明けた朝だった。フォーが登場したのだ。もちろん大型ジャー同伴である。器にとり分けた麺の上から、スープをかけ、黒コショウを散らす。このスープは温かいというより熱かった。それをフーッフーッと息を吹きかけながら啜るのである。寝不足の体が、一気に目を覚ますような感覚だった。

しばらくするとまた大型ジャーが現れた。なかにはざくざくと氷が入っていた。ベトナムコーヒーだった。すでに淹《い》れてあるコーヒーに、コンデンスミルクをたっぷりと注ぎ、大量の氷を入れる。ホーチミンシティの街角の朝が列車のなかで蘇ってくる。これで一万ドン、五十円なのである。

『鈍行列車のアジア旅』

シンハービールのゴールド

'87　タイ

このビールの特色は、なんといってもアルコールの度数が高いことだ。ラベルに度数が書かれていないが、十度から十二度はあるようだ。そのためか、口あたりはまったりとしていてなかなかいけるが、これを日本のビール感覚で飲むとはっきりいって酔う。日本人にはなかなか油断のできないビールである。なぜこんなにもアルコールが強いビールをつくったのかという疑問がわくが、これに対してタイ人は、

「昔、冷蔵庫がなかった時代のなごりさ」

と説明する。つまり、昔は冷蔵庫がなかったため、ビールに氷を入れて飲んだのだという。アルコールが強いビールも、氷で薄められ、ちょうどよくなるというわけだ。なかなか説得力のある説明だが……。もっとも現在でも、氷を入れて飲む人をときどき見かける。

『バンコク探険』

バングラデシュ暮らしで料理に挑戦

'18 バングラデシュ、チョドリバラ

手助けされることは多かったが、簡単な料理はいくつかつくった。ラカイン風野菜煮炒め、ナスと干物の煮炒め、トマトと卵の炒め物、お茶サラダはなんとか自分たちでもつくることができるようになった。

煮炒め系の料理のポイントはトウガラシとターメリックだった。まず、乱切りにしたニンジン、ダイコン、トマトなどを油で炒める。そこに小さく切ったタマネギとトウガラシを投入し、少し水を加える。そこに赤い袋に入った調味料とターメリックをふりかけ、干物や干しエビなどを入れ、さらに水を加え、水分がなくなるまで煮詰めれば完成した。

お茶サラダはもっと簡単だった。小さく切ったタマネギ、ニンニク、トウガラシに、油、味の素、塩、そして袋入りで雑貨屋に売られているお茶の葉を発酵させたものを加えて和えていく。そこに豆、キャベツの千切り、カットしたトマトを加えて、さらに和えていけばできあがった。

魚と肉はハードルがやや高かった。

テラスで原稿を書いていたり、庭でぼんやりしていると、断りもなく入ってくる人が

ときどきいた。この家のミーシンさんを訪ねてくる人もいたが、多くが村の外から入ってきた行商だった。ときに物乞いもいたが。皆、ベンガル人だった。言葉は通じないが顔だちでわかる。いちばん多いのは魚の行商人だった。ナフ川や、南のテクナフの漁港で水揚げされた魚を、竹のかごに入れて売りにきた。

するとその声でわかるのか、近所のおばさんたちが集まってくる。ときどき、庭が小さな魚市場のようになった。ベンガル人がヒラメのような魚を売りにきたことがあった。その日の夕飯が気になっていた。野菜料理はなんとかなりそうだったが、魚や肉がない。村の人の差し入れに頼っていたが、一回ぐらいはつくるべきではないか。値段を訊いてみた。一匹百七十五タカ、約二百三十三円だという。買おうとすると、村の人から止められた。

「高い」

という。相場はわからないが、買わなければ自分たちでつくることができない。結局、誰も魚を買わなかった。やはり高いようなのだ。

「明日は魚売りが来ますか」

と訊いてみた。それはわからないという。二、三日がすぎてわかったが、魚売りは気まぐれだった。朝、二、三人が現れることもあれば、誰も来ない日もある。夕方にやってくることもあった。その様子を見ていると、彼らの食生活が少し見えてくる。食べたい魚を料理するのではなく、売りにきた魚の鮮度と値段でメニューが決まっていくのだ。日本の暮らしが慣れた身には、どこか不安にも映るが、これでいいような気にもなる。値段は正直だから、いい物を食べる暮らしというものは、こんなスタイルなのだ。世界の国々の都市では、いい物をいつでも食べることができる食生活をめざしているのだろうが、そこにはやはり無理がある。綻びが目立つのだ。それに比べれば、村の食生活は、不安になるほどシンプルだった。いい魚が手に入らなければ食べない……それだけだった。食べたい魚がほしいという欲求さえ捨てればよかった。しかし僕にはそれが難しかった。

肉は違うだろう……そう考えてしまう。村の人に訊くと、ニラまで行けば、鶏肉が手に入るという。彼らは仏教徒だから、豚肉も自由に食べることができる。しかしイスラム社会に囲まれた仏教の少数民族だから、豚肉の流通はなかった。彼らに聞くと、山でイノシシが捕獲されたときだけ食べることができるという。バングラデシュはヒンドゥー教徒が多いから、牛肉も手軽には手に入らなかった。村の人と一緒に、電動リキシャに乗ってニラに向かった。ここだよ、と教えられた店の前で、僕は立ちつくしてしまった。そこで目にしたのは、金属製のケージに入れられた生きた鶏だったのだ。

「こっち側がブロイラーで、この列が地鶏です。地鶏は高いですよ」

「いや、そういうことじゃなくて」

「……」

「村の人はこれを食べている？」

「そうですよ」

村で暮らすということはそういうことだった。僕はこれまで鶏を絞めたことがなかった。

『12万円で世界を歩くリターンズ――赤道・ヒマラヤ・アメリカ・バングラデシュ編』

定食に想定外のおかず　沖縄

頼んだ定食に、想定外のおかずが加わるのも、沖縄大衆食堂の習わしである。たとえばそば定食を頼んだとする。そばは沖縄では、沖縄そばのことを指す。僕は、こう想像する。

「沖縄そばとジューシーに漬物といったところだろうなぁ」

で、テーブルに置かれたそば定食の前で一瞬、固まることになる。沖縄そばとジューシーに漬物はあるのだが、立派なとんかつがついていたりするのだ。そこで、恐る恐る壁のメニューに視線を移す。そこには、とんかつ定食がしっかり書かれているのだ。

とんかつが二、三切れ、小皿に載っているのならいいのだが、目の前には、しっかりとしたとんかつが一枚、鎮座しているのだ。とんかつ定食は、とんかつが二枚になるのだろうか。心は乱れる。

で、後日……。その謎を究明すべく、とんかつ定食を頼んでみる。そして、出された定食の前で、再び頭を抱えてしまった。

そこには、そば定食についてきたものとほぼ同じとんかつがあった。そしてご飯、みそ汁の横に、刺身が置かれていたのだ。そして、また恐る恐る壁のメニューに目をやることになる。そこには、しっかりと、刺身定食があるのだった。こうして、大衆食堂の深みにはまっていくことになる。出口はまずない。　　『週末沖縄でちょっとゆるり』

旅の初心者だった頃のひとり飯

'70年代　タイ、チェンラーイ

あれはタイのチェンラーイだったと思う。四十年も前の話である。

バスターミナルから歩いて五分ほどの宿に泊まっていた。食堂はバスターミナル周辺に集まっていた。朝は宿の近くでコーヒーとバートンコーという揚げパンですませていたが、昼と夜が困った。当時タイ語はまったく話すことができず、タイの料理にも詳しくはなかった。食堂は歩道の上にテーブルを並べるスタイルが多かった。その前を通るのだが、どのテーブルも数人の客がいる。ひとりでご飯を食べていたのは、迷彩服姿の兵士だけだった。

当時、タイ北部のラオスやミャンマーとの国境は安定さを欠いていた。ベトナム戦争は終わっていたが、その時期にヘロインの一大拠点になったゴールデントライアングルは存在感があった。ミャンマーでは内戦が続いていた。タイの北側はミャンマーのシャン州になる。そこでは独立をめざす少数派民族であるシャン族の軍隊がミャンマー軍と対峙していた。ミャンマーとの国境に近いチェンラーイには、シャン族解放戦線のオフィスまであった。食堂でご飯の上に二、三種類のおかずをのせて食べていたのは国境を警備するタイ軍の兵士だった。

腹は減っていた。しかしどの店も入りにくかった。言葉のわからない外国人がちょこんと椅子に座る。店の人はどう対応するのかと考え込んでしまう。いまでこそ、そんな状況にも慣れ、平気でテーブルにつけるようになったが、当時はまだ旅の初心者だった。

十軒ほどの食堂が並んだ通りを何回往復しただろうか。いくら歩いても、店に入るきっかけが見つからない。いや、そもそもきっかけなど生まれるはずがない。いよいよ腹が減ってきた。意を決してひとりのおばさんが切り盛りする店に入った。どことなく優しそうな雰囲気があったからだ。

椅子に座るとおばさんが笑顔でやってきた。すぐに外国人とわかったようだった。両手でご飯を食べるポーズをつくった。僕は頷《うなず》くしかない。そして手招きをした。ついて行くと、野菜が並ぶテーブルがあり、円型のまな板が見えた。その前に表面がやや赤味を帯びた肉がぶらさがっていた。おばさんは脇に置かれていた鍋のふたをとった。「これ？」といった感じで指差す。僕はなすがままに首を縦に振るしかなかった。

テーブルに戻ると、後から追いかけるようにおばさんが料理を持ってきてくれた。ご飯の上に豚の角煮っぽい肉とゆで卵がのっていた。よく見ると日本でいう厚揚げっぽいものもある。ご飯にはたれがかかり、脇には青菜が添えられていた。ムーカイパローである。もちろん当時は、そんな料理名は知らなかった。スプーンでご飯と一緒に肉を食べてみた。たれに甘みがあり、食べやすい。どこからともなく、八角の風味もする。まったく辛くなかった。

「おばさんは外国人だからと、辛くない料理を選んでくれたのかもしれない」

がっつくようにご飯を頬張りながら、そんなことを考えていた。

結局はなんの問題もなく昼食を食べることができた。タイ料理のなかには、まるで中華料理のようなものがあることを知らなかった。それまで食べたタイ料理といえば、タイ風チャーハン、そば、野菜と肉の炒め物……そんな程度だった。

日が落ち、夕飯の頃になり、また気分が落ち込んでくる。いったいどの店で食べたらいいのだろうか。暑い一日だった。ビールぐらい飲みたい。その日の午後は、チェンライ市内をあてもなく歩いていた。といっても二時間くらいだろうか。暑さに負け、宿に戻ってだらだらしていた。天井でまわる扇風機を眺めながら途中で目にした食堂を思い起こす。ビールを飲めそうな店はあったが、薄暗いナイトクラブのような感じだった。食事はないかもしれない。

夕暮れの街に出た。昼と同じ店というのも避けたかったから、別の方向に歩きはじめる。

チェンラーイの街の構造は少しだがわかってきていた。市場があり、その向こうに時計台がある交差点があった。おそらくここが街の中心だろう。周囲にはしっかりした店が多かった。商品をずらりと並べたペンキ屋、農機具の専門店……二階建てのデパート風の店もある。その間に食堂がある。どこも家族連れや友だち同士といった客でにぎわっている。

昼に入った食堂よりは一格上のような気がする。十五、六歳にも見える店員が数人、料理を運んでいる。男たちのテーブルにはビールが四、五本並んでいる。タイ語ができ、タイ料理に詳しかったら、きっとさまざまな料理も頼めるだろう。ビールのつまみも充実していそうだった。しかし足が動かなかった。ひとり客はいなかった。テーブルの隅にぽつんと座っても、なんだか寂しさが募ってしまうような気がした。

気がつくと、バスターミナルのあたりを歩いていた。向こうに昼食をとった食堂が見える。おばさんがなにやら料理をつくっている。そこへ行けばまたおばさんがなにかの料理を出してくれそうな気がしたが、それもなんだかつまらない。

食堂が並ぶ通りを歩いた。昼に入った食堂の前を足早に通り過ぎようとした。するとおばさんと目が合ってしまった。

足が止まってしまった。

おばさんはここに座れと、椅子を指差している。もう逃げることなどできそうもなかった。テーブルにつくと、おばさんは、皿に盛られたスイカを三片ほどもってきてテーブルに置いた。きっとサービスなのだろう。自分で食べた残りかもしれない。そんなことはどうでもよかった。僕はなんだかうれしかった。誰も知りあいのいないチェンラーイという街で、僕を知っている人がいる。それだけで救われたような気がした。

ビールもあった。おばさんはまた手招きをした。食堂の奥の調理場に入り、今度は吊るしてある表面が赤い肉を指差してみた。おばさんは脇に置いてあるご飯はいるか、と身ぶり手ぶりで訊いてくる。わかっていたのだ。肉をビールのつまみにするのか、定食のようにして食べるのか……と。僕はご飯はいらないと手を振ると、おばさんは笑顔をつくって席に座っていろと手ぶりで伝えてくれた。

出てきたのは、ピンク色のプラスチック皿に盛られた肉のスライスだった。脇に輪切りのキュウリが添えられ、タレがかけてあった。焼き豚だった。タレは甘辛い。それが食堂や屋台ならどこにでもあるムーデーンと呼ばれるものであることを知るのは何年も先のことである。

翌日もその店で昼と夜を食べた。計四回、同じ店に通ったことになる。

「この方法、いいかもしれない」

チェンラーイの最後の夜、ビールを飲みながら呟いていた。二日目は、もう迷うことはなかった。店が決まっていて、その店のおばさんが笑顔で迎えてくれるとわかると気分がスーッと楽になった。

チェンラーイには、もっとしっかりとした料理があるのかもしれない。僕が通った店は、バスターミナル脇にある屋台に毛が生えたような店だ。おばさんは料理の専門家でもない。この店の裏に住んでいる主婦なのかもしれない。彼女がつくる料理は、家庭料理の域を出ていない気がする。当時はなかったが、もしチェンラーイのガイドブックができたとしても、絶対に掲載されることはない。バスを降りた客、バスを待つ客、近所の人がやってくる店にすぎない。食通といわれる人なら、そのリストからは外すだろう。

こういう店でなければ、タイの庶民料理を味わうことができない……などと構えた言葉を綴るつもりはない。しかしこの店のおかげで、チェンラーイの滞在が楽になった。

そしておばさんにいわれるままだったが、いろんなものを食べた。こういう店が見つかれば、僕はまたチェンラーイにやってくることができる。ここが旅を支える食堂のようにも思うのだ。

『旅がグンと楽になる7つの極意』

韓国の飲み会に参加してみた

'95 韓国

韓国には解けない謎が山のようにあるが、そのひとつが酒である。なぜ、あんなにも飲むのだろうか。僕も酒を飲むが、韓国の人たちには、やはりついていけないのだ。

僕には韓国で酒を飲むパターンがふたつある。ひとつは、日本人の知人や韓国人も混じっての飲み会スタイルである。もうひとつは、韓国を歩きながら、同行するカメラマンと一緒に駅前の食堂などで飲む酒である。

つらいのは飲み会である。ソウルの路地裏の店からはじまることが多い。飲み会に誘われるようになった頃、僕は一軒目の店で終わるものだと思っていた。そのつもりで、彼らのペースに合わせて、ソジュといわれる韓国の焼酎のグラスを重ねていたのだが、

さて、そろそろお開きという段になったとき、ひとりの韓国人がこう皆に伝えたのだっ

た。

「二次会は、この路地の入口にあるチキン屋です」

ほとんどの人が反応しなかった。皆、一次会が終われば帰宅する予定で、二次会の場所など関心がないようにも受けとれた。僕自身、翌日には用事があったから、ここで宿に戻りたい思いはあった。

精算をすませ、皆、店の外に出た。寒い時期だった。メンバーはベンチコートやダウンを着込んでいる。吐く息が白い。氷点下一〇度ぐらいにはなっている気がした。

店の前で十数人がかたまっていたが、皆、立ち止まっている。日本だったら、このシーンで、

「明日の朝、早いんでここで失礼します」

といった言葉が飛び交う。ほかの人たちもそこで引き留めたりはしない。ところがこの集団のなかから、そんな会話は聞こえてこなかった。なかには三人ほどの若い女性もいた。日本人も三人いた。しかし全員が、二次会の場所を告げた男性のあとを追って歩きはじめたのだ。

「全員が二次会に行く……」

ひとり、宿に戻ることができる雰囲気ではなかった。男たちはかなり酔っぱらっていた。誘ってくれた日本人に訊いてみた。

「そうですね。九九パーセント、二次会はありますね。それを考えて、一次会では酒をセーブして飲まないといけないんですよ」

「……」

すでに遅かった。注がれるままにソジュを飲んでしまった。気分もいい。しかし二次会となると、明朝のことが気になってくる。

チキン屋は歩いて二分ほどの近さだった。二階にある広い店だった。薄暗い店だが、カウンターには天井からグラスが吊るされている欧米風の店の雰囲気である。一軒目は座るスタイルだったが、ここは椅子とソファである。

数分、外にいただけだが、体は冷えきっていた。店内の暖房がありがたかった。皆、ソファに座ると、メニューからガーリック味や辛い味のチキンを頼んでいる。

「まだ、食べるのか……」

と戸惑っていると、ピッチャーに入ったビールがどんと各テーブルに置かれた。そういえば、飲みものについてはなにも訊かれていない。

日本で二次会というと、強めの酒に変える人が多い。一軒目はビールを飲んでいた人も、二軒目になると、焼酎のウーロン茶割りなどを頼む。ビールに飽きてきたということもあるのだろうが、もう少し込み入った話が待ち構えているという思いもある。僕も二次会と聞いて、どうしたものかと思いあぐねていたのだが、なにひとつ訊かれずにビールになった。再び日本人に訊いてみる。

「そうですね。二次会はだいたいビールですね。そう決まっているわけじゃないけど、そういう店を選ぶことが多い気がするな」

日本と逆なのである。

ソウルの気候は、日本より乾燥している。冬場は暖房を効かすから、湿度はもっと下がっているのかもしれない。かなりの量のソジュを飲んでいたから、これ以上の酒はきつい気がしていたが、暖房も手伝って、なんとなくビールが飲めてしまうのである。そういう環境のなかで、この二次会スタイルが決まってきたのかもしれない。

その店には二時間ほどいただろうか。そろそろ帰る時刻である。声がかかり、店を出た。さすがにここでは帰る人がいた。女性たちは、手を振って地下鉄の入口に向かっていった。二次会の終わりが、日本人の一次会の終わりのようなものだった。

「ん？　まだ十人以上が残っている」

よく見ると、帰ったのは女性だけだった。男はその場に皆、立っている。

「三次会？」

そうだった。韓国人同士でいろいろ話している。どの店にするか決めているようだった。またしても日本人に訊いてみる。

「そうだな。五〇パーセントぐらいは三次会があるかな」

「……」

ここでやめればいいのだが、帰ったのが女性だけというシチュエーションのなかでは、なかなか「帰る」とは口にしづらい。三次会は徹底してソジュの世界である。つまみもタニシの和えものになったりして、おじさん酒の世界にわけ入っていく。男たちのペースを見ていると、一軒目でソジュをひとり二、三本は飲んでいる。そこそこできあがっているのだ。「酔った」という感覚を百とするなら、八十ぐらいまでのぼり詰めている。チキン屋で、それを六十ぐらいまで下げて、三次会で本格的な飲み会になって、議論が白熱してくるという流れに思える。

「三次会がいけなかった……」

ソウルの安宿のベッドのなかで、傍に置いたペットボトルの水をぐびぐびと飲みながら後悔することになる。酒精は体じゅうに残っていて、もう生きていくのが嫌になるほど落ち込んでいる。三次会の店から、どうやって帰ってきたのか……コンビニで水を買った記憶は朧《おぼろ》げに残っている。床に脱ぎ捨ててあるズボンの後ろポケットのなかから財布をとり出し、残り少なくなった一万ウォン札の数にまた落ち込む。

ある日本人にいわせると、これを毎日繰り返しているサラリーマンは少なくないのでは……という。

どうしてそこまで飲まなくてはいけないのか。

仕事のストレスが溜まっていることは僕にもわかる。しかしそこまで飲まなくてもいいものを……。

『週末ソウルでちょっとほっこり』

乗客たちが駅で弁当づくりをはじめた

’10　マレー鉄道

ホームに降りた乗客は、駅舎脇の小屋の前に集まっていた。木製の格子の間からのぞくと、おじさんがひとりで弁当をつくっていた。弁当といってもマレーシア流で、ビニールコーティングされた紙の上に米を盛り、その上から揚げた鶏肉や魚、野菜を載せ、最後に辛めのソースをかけるスタイルだった。それを見ていた乗客のおばさんがひとこといい、脇の入口からなかに入り、弁当づくりを手伝いはじめた。

「手際が悪くて、見ちゃいられないよ」

といったところだろうか。次々に乗客も店のなかに入った。見ず知らずの客同士だというのに、すぐに役割分担が決まって、流れ作業がはじまった。乗客の後をついて店内に入った僕にも、

「そこのパックに入ったジュースをとって」

と、おばさんから指示が出る。

「はッ？」

慌てて棚からジュースのパックをとって渡すと、

「それよ。できるじゃない」

といった満足気な笑みが返ってくる。おばさんが図々しいのは万国共通だが、皆で弁当をつくっているという乗客同士の妙な連帯感がちょっと嬉しかった。僕も紙に包まれた弁当を受けとった。料金は調理台にある缶からに入れろという。

三リンギット、約九十円。温かさが伝わる弁当を手に列車に戻った。包みを開けると、米が浅い青色に着色してあった。彼らの流儀に倣《なら》って手で食べる。森の匂いが仄《ほの》かに漂ってくる。

『鈍行列車のアジア旅』

紅茶コーヒーを飲んでしまった朝は

'14 香港

ある日の茶餐廳《チャーチャンテーン》の朝、僕は再びメニューに見入っていた。そこに鴛鴦茶《ユンヨンチャー》をみつけてしまった。鴛鴦――。おしどりである。これは香港を訪ねた知人から聞いていた。紅茶コーヒーである。コーヒーに紅茶を入れてしまったのだ。香港人は、コーヒーというものに、なにか恨みでももっているのだろうか。そのまま飲めばいいものを、なにか入れてしまうのである。香港を植民地にしたのはイギリスである。イギリス人は紅茶を好むが、コーヒーにまで入れろとまではいわなかったはずだ。

その頃、鴛鴦という文字を、油麻地《ヤウマーテイ》の屋台でも目にしていた。いまは日本でも食べることができるようになった火鍋《フォーウォー》である。鍋のまんなかが仕切られていて、片側に激辛スープ。もう一方に淡白なスープが入った鍋だった。客は好みで具を浸すスープを選ぶことができた。肉類は激辛スープ、野菜は淡白スープといった食べ方ができた。この鍋をはじめて目にしたのが香港だった。ひとつの鍋でふたつの味……という画期的なものだった。その後、この鍋は中国で一気に広まり、やがて日本にも上陸する。日本では激辛鍋という印象が強いが。

この鍋に香港では鴛鴦という文字をあてた。意味は日本のそれに近い。雄と雌がいつも一緒にいるといわれるおしどりである。日本には〝おしどり夫婦〟という表現もある。ふたつのスープの鍋に鴛鴦を使うのはわかる。しかしコーヒーに紅茶を入れて、鴛鴦……。なにかが間違っているような気がするのだが。

飲んでみた。凍ではなく熱にした。ホット紅茶コーヒーである。

ひと口、啜《すす》る。喉元を黒い液体が通過している。そのときは、阿部稔哉《としや》カメラマンも一緒だった。互いにひと口ずつ飲み、テーブルを挟んだ沈黙が続いてしまった。

「これ、すごく疲れない？」

僕が口を開いた。

「そう。紅茶だと思って飲むと紅茶の味がする。コーヒーだと自分にいい聞かせて飲むとコーヒーになる」

頭のなかにやじろべえを置いているような感覚だった。右に傾《かし》げるとコーヒーになり、左に頭を傾げると紅茶になる。紅茶コーヒーというひとつの飲みものの味を評価する以前の問題だった。これはひとつの飲みものといっていいのだろうか。鴛鴦などという穏やかな顔をしているが、飲みものとして成立しているのだろうか。しかし茶餐廳のメニューに定着しているのだから香港人好みなのだろう。


『週末香港・マカオでちょっとエキゾチック』

僕らを幻聴から救ってくれたヨーグルト

'02　アフガニスタン、マイマナからヘラートへ

食堂の前の日陰に敷かれた絨毯《じゅうたん》の上に腰を下ろした。ほどなくして運転手のママダリ

の前には、羊肉の煮込みとナンが置かれる。「おまえらも食うか」とママダリは目で示したが、阿部君はもちろん、僕にも食欲はまったくなかった。阿部君がふいに顔をあげ、惚《ほう》けた顔つきで、

「セミが鳴いてるんだ」

といった。僕は横にある高さ三メートルほどの灌木《かんぼく》を見上げた。確かにセミが鳴いている……。

あのときの危うい感覚をいまでも覚えている。考えてみれば、砂にまみれた乾燥地帯にセミが生きているわけがなかった。だいたい蚊すらいない土地なのだ。これまでもセミの姿はもちろん、その声など聞いたことがなかった。いや、砂漠にはセミに似た声で鳴く虫がいるんだろうか。それとも僕らが耳にしたのは幻聴だったのか。

僕らはかなり危うかったのかもしれない。幻聴はドラッグに溺れた奴や、立ちあがることができないほど弱り果てた人が聞くものだと思っていたが、アフガニスタンでは日々の暮らしのすぐ隣にあるものらしかった。

そんな僕らを救ったのはヨーグルトだった。その日の午後、『ドスタム号』(僕がそう名づけた車)は、壮大な景色のなかに迷い込んでいた。アメリカのグランドキャニオンをさらに荒々しくさせたような谷に、強い西日が照りつけ、透明な空気のなかで背の低い草の葉が輝いていた。道は台地の上につくられていた。ときおり、道は川を渡る。『ド

スタム号』は一気に谷に下り、水しぶきをあげて川を渡り、急な土手をギアをローにしてじりじりと登った。台地の上には、装甲車や戦車が忘れ去られたように放置されていた。風に曝《さら》された車体が、台地の上に長い影をつくっていた。見上げると、乾いた山肌にへばりつくように生える牧草が黄金色に輝き、熱風に揺れていた。

切ないほど美しい景色だった。

台地を走っていた『ドスタム号』は突然停まった。百メートルほど先の丘の上に、黒い布が風にはためく遊牧民のテントがあった。目を凝らすと、そこから貧しそうな服装の男と裸足の少年が、手に車のオイル入れと洗面器を持って近づいてくるのがわかった。彼らは『ドスタム号』がつくる長い日陰のなかでしゃがみ込むと、洗面器にオイル入れから白い液体をどぼどぼと注いだ。ママダリが千アフガニ紙幣を一枚男に渡した。そして、彼が持っていたペットボトルのなかから洗面器に水を注ぎ込む。白い液体を薄めているようだった。

ママダリが、金属製のコップでそれを掬《すく》い、「飲め」と僕に差し出した。羊のミルク？と察して躊躇《ちゅうちょ》した。あの青臭い味が僕は苦手だったのだ。しかし喉も乾いている。日本円にすれば三円ほどだったが、せっかくママダリが貧しい遊牧民から買ってくれた。断るわけにもいかないな……とコップを受けとり、口に含んでみる。

「………ん？」

ヨーグルトだった。うまかった。とてつもなくうまかった。ママダリが一気に飲み干せというしぐさをする。冷たい液体が食道を通っていくのがわかる。ヨーグルトが暑い空気と下痢に打ちのめされた体に吸い込まれていく。五臓六腑に染みるとはこんなときに使うのだろうか。車のなかにいた阿部君にも声をかけた。

「ヨ、ヨーグルトだよ。これがうまいんだよ。塩の効き具合が絶妙なんだ」

のろのろとコップを手にした彼が一気に飲み干す。

「……うめえっ」

久しぶりに聞いた彼の精気のある声だった。その表情を見ていたママダリが、さらにもう一杯コップに注ぎ、優しい笑みをつくった。寡黙な男だった。英語をほとんど話せないということもあるのだが、運転中もまったく言葉を口にしない。額の汗を煮染めたような布で拭《ふ》きながら、ひたすら前を見続けている。しかし阿部君の様子は気になっていたのに違いない。昼食に手もつけられない僕のことも心配だったのだろうか。ここでヨーグルトのために停まってくれたのは、彼の気遣いなのかもしれなかった。

『アフガニスタン』

マレー人たちの小宇宙

'15　マレーシア、コタバル

「マレー人たちの小宇宙……」

コタバルの市場の二階の食堂街を歩きながら、そんな言葉が浮かんできた。テーブルの上から箸が消えた。いや、それだけではない。スプーンやフォークもみあたらない。皆、テーブルの上に皿や油紙を敷き、手を器用に使い、おかずをまぶしたご飯を口に運んでいる。男性だけではない。女性も子供も。

手で料理を食べる——。日本人ならインドを思い起こすだろうか。しかし東南アジアでも、手で米を食べる人は少なくない。ミャンマー、インドネシア、そしてマレーシア。街の食堂に入ると、ときどき見かける。しかしテーブルには、スプーンやフォーク、箸を入れたケースが置かれている。その人の好みといった雰囲気もある。しかし、コタバルの市場に、朝食を食べるために集まった人々は、みごとなまでに手で食べている。

ご飯は圧倒的にナシレマである。これは米にココナツミルクや塩などを加えて炊いたものだ。そこに小魚を揚げたイカンビリス、ピーナツとサンバルソース。どの皿や紙の上にもこの四点セットがある。小魚は塩辛い。サンバルソースは、トウガラシミソといったらいいだろうか。そこにメインの料理を載せる。鶏肉や魚を煮込んだものが多い。典型的なマレーの食事である。ここまで頑なに守られているとは思わなかった。彼らはコタバルのあるケランタン州で、彼らの宇宙をつくりあげていたのだ。

『週末シンガポール・マレーシアでちょっと南国気分』

'13　台湾、台北

自分でご飯をよそう食堂

『八珍小吃《バージェンシャオチー》』という店を教えてくれたのは、台北に長く暮らす日本人の知人だった。

この店は松江路《ソンジャンルー》の東側にあった。六福客桟《リィウフークウージャン》というホテルの裏手に、飲食店がぎっしりと詰まった四平街《スーピンジィエ》という一画がある。そのなかにある店だった。知人との用事が終わったのは午後一時をまわっていた。腹もすいていた。

「そのへんで、簡単に食べますか」

そんな言葉に同意して入った店だった。店は昼どきのピークをすぎたようで、客は多くなかった。何人かの客は昼からビールを飲んでいた。

テーブルにつくと、おばさんが一枚の紙きれを渡してくれる。これがメニューであり、注文表だった。中級以下の店に入ると、必ずといっていいほどこの注文表が手渡されるのが台湾スタイルだ。これがありがたかった。何ページもあるメニューを渡されると、そのなかから料理を決めるのに時間がかかる。その点、台湾のそれは、紙っぺら一枚だから一気に目を通すことができる。

しかし漢字である。店によっては独自のメニューを開発しているから、漢字の想像力を駆使して注文を決める。これが難解である。そもそも、日本人が使う漢字と中国語圏では意味が違ってくることもある。書かれたメニュー名を眺めながら、頭のなかにはさまざまな憶測が錯綜《さくそう》する。

「蕃茄ってトマトだったよな。豆干？　ピーナッツだろうか。いや豆は豆腐の意味かもしれない……ということは、ゆば？」

料理が決まったら、その右端の空欄に数量を書き込むことになる。以前はここでも悩んだ。「1」か「一」かの問題だった。二皿となると、「2」、「二」、「丅」と選択肢は増える。どんな数字でも伝わるので些細なことなのだが、はじめのうちは、こんなことにも心が揺れていたのだ。

注文表に書き込むと、知人はさっと席を立った。

「裏にご飯とスープがあるから」

「裏？」

柱で見えなかったのだが、そこにジャーが置かれているようだった。

「ここもそうだったのか……」

もうひとつ、みっけ……といった心境だった。

柱の裏にまわると、そこに大きなジャーがふたつ置かれていた。勝手によそうスタイルだった。

スープは味噌汁だった。世界の国々のなかで、味噌汁が日常食として定着しているのは台湾ぐらいだと思う。日本の長い支配が残したものだった。韓国にも味噌があり、テンジャンチゲは韓国ナイズした味噌汁という人もいる。しかし味噌自体が韓国から日本に渡ったという説もあり、日本統治時代の名残といいきれない要素を秘めている。日本が残した味噌汁といったら、やはり台湾である。もっともこの味噌汁も、福建人の好みなのか、かなり薄味になっているが。

ご飯と味噌汁をテーブルの上に置き、おかずができあがるのを待つ。糖醋里肌《タンツーリージー》、客家《クゥージャ》小炒《シャオチャオ》、蕃茄炒蛋《ファンチィエチャオダン》。糖醋里肌は酢豚である。蕃茄炒蛋はトマトの卵炒めだ。客家小炒は、客家の人々がよく食べる食材三、四種を炒めたものだ。どれも百元から百五十元である。

それから何回か、この店に行くようになった。台北に着き、この食堂でご飯とスープを自分でよそわないと、なんとなく台湾にやってきたような気がしないのだった。

『週末台湾でちょっと一息』

なぜツナ缶とサバ缶だけ？

'88　アメリカ、グレイハウンドバス

宿代を節約するために、寝ぐらはもちろん走るバスの中である。バスは二、三時間に一回の割合でバスディーポ〔バスターミナル〕で休む。僕らはザックの中からチキンラーメンと缶詰を取り出し、バスディーポのなかにあるコーヒーショップに走る。

「あ、あの……お湯をくれませんか」

「なにかほかには？」

「……いえ、お湯だけを」

店員は戸惑いつつも、発泡スチロール製のコーヒーカップに湯を注いでくれる。というのも、湯だけというメニューはなく（あたりまえか）、いくらもらっていいのかわからないようなのだ。だから料金はまちまちだ。一杯六セントだったり、十セントだったり。それでもしっかり金をとる店員が多かった。

僕らはバスディーポの待合席に陣どり、ラーメンをつくり、缶詰を開ける。

「アメリカって意外にセコいよな。お湯で金をとるんだから」

「でも、どうしてアメリカまで来てチキンラーメンをすすらなきゃいけないのかね。もう飽きてきましたよ」

「いや、こうやってツナ缶と混ぜるとけっこういけます。ほら」

カメラマンの阿部君が実演してみせる。あまりに寂しい会話に鼻白み、

「……そう」

と答えるしかない。しかし食糧係の阿部君は、どうしてツナ缶とサバの水煮缶しか買ってこなかったのだろう。

『12万円で世界を歩く』

僕のパッタイの原点

'88　タイ、バンコク

はじめてタイ人の家に居候したとき、よく下宿の主人が夜食にと買ってきてくれた。僕はそのとき、パホンヨーティン通りのソイ〔路地〕六に住んでいたが、パッタイの屋台は向かいのソイ七にあることを知ると、ひとりでも食べにいった。

そこには大きな円形の鉄板があり、手早い動きでパッタイをつくるところを見るのも楽しかった。まずセンレックという中太麺を炒め、そこに酢らしき液体を加える。それを鉄板の端に寄せておき、空いたスペースに卵を落としてスクランブル状にし、豚肉、小エビ、よくあそこまで小さく切れるものだと感心するあつあげ、モヤシ、ニラなどを

加えて炒めていく。最後に麺と一緒に炒め、そこに塩、ナムプラーという魚醬などを加えて味を調える。ものの二、三分の早業である。そこに生のニラ、モヤシ、マナーオとタイ語で呼ぶライムが添えられて出される。客は砂糖、乾燥唐辛子、ナムプラー、砕いたピーナツなどを好みで加えて食べるわけだ。酸味、甘さ、辛さがそれぞれ独立し、えもいわれぬ世界が口のなかに広がる。僕は豆腐類には目がない質《たち》だから、一辺が五ミリほどに小さく切られたあつあげを箸で摘まんで食べるときにはいっときの幸せに浸ることができる。

『バンコク迷走』

路地裏の立ち飲み屋で

'09 インド、バンガロール

「なんだ、これは」

夜の七時をまわっていた。僕らはホテルを出た。案内役は阿部氏だった。僕がLCCのホームページと格闘している間に彼は撮影に出ていたのだ。案内されたのは、ホテルのすぐ裏手の路地だった。男があふれていた。こういう路地裏がインドにもあったのだ。

「あるでしょ。ほら、あそこにも。その向こうにも」

そこにはバーとかパブという看板が掲げられ、その入口で男たちが酒を呷《あお》っているのだ。立ち飲み屋である。東京の新橋のガード下なんてもんじゃない。数軒おきに飲み屋が店を開いていたのだ。店の前には、立っていることも大変なまでに酒を飲んでしまった老人が何人もいた。

「バンガロールの男たちは、とんでもない飲んべえなんだ」

しばらく歩くと、ビールが注がれたジョッキの看板があった。その脇から続く細い暗い路地に入る。木製のベンチが置かれた小さな店が、男たちで埋まっていた。ここでビールを飲むことができるようだった。

「一杯十五ルピー」

「三十円ですか」

「一杯いくか」

なまぬるくて薄いビールだった。その味にベトナムのビアホイを思いだした。「飲み残しを集めている」、「粗悪なビールをさらに水で薄めている」……。悪い噂が絶えない路上の屋台だったが、そう教えてくれた男たちが毎晩、その店で女房の悪口に盛りあがっていた。酒飲みの男とはそういうものだと、僕も毎晩、道端の小さな椅子に腰をおろしたものだった。

しかしビールはビールなのだ。

『格安エアラインで世界一周』

吐き気にはスプライト？

'93 タイ、バンコク

このスプライトには不思議な効果があるらしい。吐き気をおさえるというのだ。僕ら一家は、一九九三年の春までバンコクに暮らしていた。ちょうど正月に、三歳になる長女が体調を崩してしまった。高熱が出、食べたものをもどしてしまう。僕は長女をパヤータイ病院というバンコクでも一流の病院に連れていった。そこの小児科の女医さんは、診察を終え、処方箋を書きながら、

「もし吐き気が続くようだったら、スプライトを飲ませてください」

「スプライト？」

「そう、スプライト。ちょっと子どもには炭酸がきついかもしれないので、水で薄めてやってください」

「………」

日本の親だったら、耳を疑ってしまうような会話なのかもしれない。子どもたちの幼児肥満を気づかい、コーラやスプライトなどはまるで毒物のようにすら考える日本の母親たちにしたら卒倒しそうな話なのかもしれない。僕は東南アジアに暮らしていたわけだから、コーラやスプライトをそれほど毛嫌いしていたわけではなかったが、それが吐

き気に効くというのは初耳だった。アメリカ留学の経験のあるその医師がいうのだから、嘘ではないと思うのだが……。ところが帰宅後、その助言に従って、水で薄めたスプライトを飲ますと、長女の吐き気はピタッとおさまってしまった。いったいスプライトというのは、どういう飲みものなのだろうか――。

『アジア達人旅行』

ボルシチをつくってみた

'19　ロシア、サハリン

二十四時間営業のスーパーの少し先に、八百屋、肉屋など数軒の店が並ぶ一画があった。僕らが借りたアパートは、団地のなかにあった。そこに住む人たち向けの店だった。

ネットでビーツのロシア語を調べ、それをメモに書き込んで、その一画に向かった。どの店も店員がひとりの小さな店だ。メモを見せると、すぐにわかった。棚のダンボールのなかに、土のついたジャガイモ大のビーツが無造作に入れられていた。見た目はよくない。灰褐色の皮に覆われている。ジャガイモよりグロテスクだ。

そこで、ビーツ、玉ねぎ、トマト、リンゴ、ディルを買った。スーパーと違い、一個単位で買うことができる。リンゴは、ビーツと和えてサラダもつくろうと思ったからだ。

検索すると、その料理が出てきた。ディルは、欧米や中東ではよく使われるハーブだ。癖のある風味だが、僕は好きな香りだ。これはボルシチの上に載せるつもりだった。合計で百六十ルーブル、約二百七十四円だった。

ボルシチには牛肉が合うようだった。八百屋の隣の肉屋に入った。しかしそこにあったのは、ステーキ用の立派な肉で、四百ルーブル、約六百八十四円もした。そこで二十四時間営業のスーパーで、塊状のハムを買った。どんな味になるかわからなかったが。サワークリームもほしかった。しかしどれがサワークリームなのかがわからない。勘でいくしかなかった。それに油を加え、合計で二百九十ルーブル、約四百九十六円だった。

これですべてがそろった。アパートに戻り、まずビーツを切った。内部は赤黒く、それを切ると、まな板や指先がまっ赤に染まった。ほかの野菜も切り分け、軽く炒める。ハムも切って茹で、そこに野菜を投入。あとはひたすら煮込んだ。それを見ながら、

「つくり方の原理ってカレーみたいなもんだよな。カレー粉の代わりに、ビーツを入れるってことじゃない」

と阿部カメラマンにいうと、彼は少し首を傾《かし》げた。

「少し違うと思うんですけど……」

といった。料理の腕前は彼のほうがはるかに上だ。僕のようないい加減さがない。手の動きが丁寧だ。少し不安になったが、ここまできたらただ煮込むしかない。

ときどき水を足し、一時間ぐらい煮込んだだろうか。もういいだろうと、スープ皿によそい、サワークリームらしきクリームを載せ、ディルを散らす。

見た目はすっかりボルシチだった。これまで、ロシアの安食堂で、何回か食べた。それに似ていた。啜《すす》ってみた。

「いけるじゃないですか」

僕は思わず声を発してしまった。

「優しい味です。ビーツって土の味がするって、どこかに書いてありました」

「土の味？」

「なんとなく」

「ビーツの甘さが優しい味をつくっている気がする。でも、このサワークリームというか、クリームに酸味がまったくない。これってサワークリームじゃなかったかも」

これまでロシアではさまざまな料理を口にしてきた。多くが優しい味だった。アジアの料理のようなパンチはないが、心が暖かくなる。日本人の味覚に合っている気がしていた。その味のベースにビーツがあるのではないか。満足な味が再現できたことで調子に乗り、つい妄想が膨らんでしまう。土の味……。いい響きではないか。ロシア料理の優しさはビーツの土の味。

『12万円で世界を歩くリターンズ――タイ・北極圏・長江・サハリン編』

小壜の酒だと思ったら……

'96 中国、憑祥

この旅の途中、僕らはときどき、小壜の酒を買ってホテルで飲むようになっていた。かつて、まだ若い頃、旅先の宿で酒を飲むことなどほとんどなかった。しかし僕は四十一歳になり、阿部君は三十歳になっていた。暇な夜、どちらともなく、酒でも買って帰るか、という話がでるような歳になった。互いにもう若くはないのかもしれない。しかし僕らが買うのは、一本三十円や五十円といった安い小壜の酒だった。憑祥《ピンシャン》で、

「これ、安くて手頃じゃない」

といって一・八元で買った酒には、醋精と書いてあった。栓を開けた阿部君が、妙な声をあげた。

「下川さん、これ酢ですよ。酢」

僕も鼻を近づけたが、それは明らかに酢だった。中国では酢を醋と書くのか。いや、いや、まいった。旅をしているとこんなこともあるのだ。

『歩くアジア』

基隆でカレーライスを食べる

台湾、基隆

基隆《キールン》の屋台街は山に挟まれた市場の入り口にひろがっている。そのなかに基隆に来るといつも座る屋台があった。それは台湾料理でも、豊富な海産物を使ったシーフードでもなかった。僕が必ず食べるのはカレーライスなのである。その屋台はいってみれば、カレーライスの専門店で、街に遊びにきた地元の少年たちがわずかなこづかいでも食べられる程度の店だった。もちろん、客は基隆の人ばかりである。カレーライスという代物が、どのようにして台湾に伝わったかは詳しくはないが、おそらく戦前、日本人が持ち込んだのに違いない、とにらんでいる。というのも、その屋台のカレーは、紛れもなく、日本のレトロカレーだからだ。今の日本ではそのカレーライスにお目にかかることはすっかりなくなってしまったが、昔、日本の安食堂を席巻していたカレーライスというう代物があった。なんとなくカレーライスというよりライスカレーといったほうがしっくりくるカレーである。そのカレーライスとは、まず皿が丸くなければならない。楕円型ではだめなのだ。そこにご飯を山型に盛る。つまり中央部がこんもりと盛りあがっていなくてはならない。平らになっていてはいけないのだ。そしてカレーを山の頂上から流し、ご飯の九割方をカレーで隠してしまうのである。ご飯の片端にカレーが盛りつけられていたり、カレーだけ別の器に盛られているようでは邪道である。食べるときは、カレーとご飯をぐちゃぐちゃに混ぜる。若い女性が見たら、確実に白い眼を向けられる食べ方である。そしてできればご飯のわきには、少量の福神漬が添えられていてほしい。なぜ福神漬かといわれても困るが、そのカレーライスにはいつも福神漬が添えられていたのである。カレー皿の横には、水の入ったコップも置かれる。コップは小ぶりで、三ツ矢サイダーなどという名前が印刷されているコップだとより雰囲気が出る。もちろん氷など入らず、そのかわりにスプーンがささっていたりすると感涙ものである。これでなくてはいけないのだ。

ご飯は一般的な炊き方で、つまり柔らかいほうが望ましく、カレーはほとんど辛くないのが特色である。もうすこし正確にいうと、カレーの味はかろうじてするのだが、どこからともなく甘さが味わえるものが最もいい。これが昔のカレーの味だったのである。その後、日本のカレーは妙な進化を遂げてしまう。辛さが増し、なんだか高級化の道を歩みだしてしまうのである。しかし、昔のカレーは、中華そば、チャーハンというメニューの横にひっそりと書かれた自己主張の少ない料理だったのである。

別に今のカレーがまずいなどといっているわけではないが、そういう昔なつかしいカレーを食べたかったら、基隆の屋台へ行くことである。そこには昔の日本のカレーがそのままの姿と味で存在しているからである。基隆の屋台のカレーはやはり丸い皿に山型ご飯が盛られていて、そこに上からカレーがかけてある。福神漬のかわりにタクワンが一片というのが台湾流といえなくもないが、まあタクワンにしても日本から伝わったものだろうから、日本のレトロカレーの範疇に入れてもいい気がする。残念ながらスプーンのささったコップはないが、そのかわりに味噌汁がつけられる。カレーの味は昔の日本のカレーの味そのもので、かろうじてカレーの味がするところまで憎いぐらいに似ているのである。僕がこのカレーを初めて口にしたときの感覚はなかなか表現できるものではない。僕は信州で生まれ育ったが、田舎の町の駅前の食堂のデコラのテーブルの柄まで思いだしてしまったほどである。

このカレーを、基隆の人々が、日本の料理として食べているかというと、それは相当に疑わしいと思う。彼らにとって、このカレーは生まれたときからあったのであって、仮に最近、日本へ行ったとしても、かつてのカレーは姿を消してしまっているのだから、彼らの意識のなかでは昔からある自分たちのカレーなのである。台湾のなかの日本とは、つまりそういうことなのである。

『アジアの田舎町』

米の七変化。まずフォーから

ベトナム

ベトナムの麺の代表といったらフォーである。本場はハノイで、牛肉を載せたフォーボーと鶏肉のフォーガーが一般的だ。ホーチミンシティを中心にした南部にはフーティウという麺もある。麺といっても乾麺なので、フォーに比べるとコシがある。

これらの麺はすべて米からつくられる。米を砕いて米粉にし、そこに水を加えて練り、麺状にしていく方法が基本だ。

しかし、ベトナムで最もよく目にする麺といったらブンである。生春巻を食べると、なかに白い麺が入っているはずだ。それがブン。日本の麺でいうとそうめんやひやむぎに近いだろうか。

このブンもやはり米粉からつくられる。米粉に水を加えて白濁した液体にする。これを寝かせて発酵させ、練り込んだ後で麺にしていくわけだ。

このブンの用途は広い。そのまま汁に入れて食べることもある。ホーチミンシティのブンチャー、ハノイのブンダウマムトムがそれだ。サラダに入れたり、揚げて食べることもあるという。本文でも紹介している基本セット〔ハーブや野菜、ライスペーパー、米麺のセット〕にもブンは入り込む。山盛りのハーブや野菜、そしてブンにライスペーパーが入っている。

まず、ライスペーパーを掌に載せ、その上にメインのおかず。そしてブンとハーブや野菜などを載せ、くるんでいくわけだ。最初はなかなかうまくいかないが、近くのベトナム人の手の動きを見ているうちになんとなく形が整ってくる。近くにいるベトナム人が、巻き方を教えてくれることも多い。

と、ここまで紹介した麺は、そのすべてが米麺である。

そしてそれをくるむライスペーパーもまた、米からつくる。米粉を水で溶き、型に入れて、最後は乾燥させる。地方に出ると、編んだ竹の上で日に干されているライスペーパーをときどき見かける。

つまり、米からつくったライスペーパーで、米からつくった麺を包むわけだ。

このライスペーパーだが、菓子にもなる。普通のライスペーパーより薄めにし、乾燥させたものが袋に入って売られている。一見、紙のようにも映ってしまう。ここにライムや唐辛子の粉をふりかけて食べる。ライスペーパーを口に入れると、唾液《だえき》でしだいに柔らかくなっていく。いってみればベトナム版のせんべいみたいなものだろうか。

もちろん、ベトナム人は米から酒もつくる。日本酒のような醸造酒は見かけないが、米を原料にした焼酎はときどきスーパーに並んでいる。

麺、ライスペーパー、そして酒……。米の七変化といったらいいだろうか。これほど、米から形の違うものをつくり、食のバリエーションを広げている民族はほかに知らない。

『週末ベトナムでちょっと一服』

メニューから注文した料理の正体

'97 中国、上海

そのときは日本人六人で丸いテーブルを囲んだ。中国の旅行回数が多いから、と料理を注文する役割が僕にまわってきて、分厚いメニューが手渡された。確かに僕はそのメンバーのなかでは中国を旅した回数は多かったが、注文は指差し法や厨房のなかまで入って身ぶり手ぶりで伝える世界を得意分野にする旅行者だったから、料理名がズラーッと並んだメニューを手渡されると頭のなかがまっ白になってしまうのである。

しかしその一方で、なにがでてくるかわからない料理を頼むことになんの不安を感じない旅行者でもあり、あてずっぽに何品かを注文していくと、最後のページに手書きの紙が挿《はさ》んであり、そのなかに、

「霉子張蒸肉餅子」

があったのである。おそらくそれは、日本のレストランでいったら、今日のお薦めメ

ニューといったものであることは想像できた。料金は二十元ほどだった。その文字から、なにかの肉を蒸して餅のように固めたものぐらいの想像はできたが、いかんせん霉子張の意味がわからなかった。魚なのか肉なのかも判然としないのだ。しかしまあいいか、とばかりに頼んでみた。

ほどなくして霉子張蒸肉餅子が運ばれてきて、テーブルのまんなかに置かれたのだが、そのとき既に何人かの顔の神経がピクピクと動いていた。小ぶりの皿の上に、茶色のなにかの肉を固めたものがあるのだが、それが臭《にお》うのである。それもあまりよろしくない臭いなのだ。はっきりいうとオシッコ臭《くさ》いのである。

同行した五人の日本人は呆然とした面持ちで、腕をテーブルの下に置いている。誰も箸を手にとろうとしないのである。こんな妙なものを頼んだのは誰なんだ、という冷たい視線が僕に集まってくる。ここはしかたない。僕がまず食べてみるしかないか、と箸をのばし、その一片をとって口に含もうとしたとき、

「ウッ」

と息を詰まらせてしまった。ものすごく臭《くさ》いのである。それはもうオシッコというよりアンモニアの臭《にお》いだった。刺激臭は目にも達し、涙もでてきてしまった。

しかし頼んだ以上、食べないわけにもいかない。意を決して口に入れたとたん、またしても息を詰まらせてしまった。口中に痺《しび》れが走ったのである。いったいこれはなんな

のだろうか。なんとかその一片を飲み込んだものの、口のなかにはアンモニア臭と痺れがいつまでも残った。

「どうです？」

とひとりが僕に聞く。

「ち、珍味ですね」

と答えるのがやっとだった。食べ物は腐る直前がいちばんうまいという説があるが、はっきりいってこれは完全に腐っているのである。いや、正確にいうと腐らせているわけだ。人間、六人もいると、食べものへの好奇心が味覚や体調に勝ってしまう奴がひとりやふたりはいるもので、僕に続いてふたりが箸をつけた。そのとたん、

「ウッ」

「オエッ」

という言葉にならない声が飛び交ったが、ひとりが、

「これ、ひょっとしたらサメじゃないですか。サメが腐るとこういう臭《にお》いがしますよ」

といった。霉子張がサメを意味するのかどうかはわからなかったが、そういわれてみると納得できないわけでもなかった。が、しかしである。舌がピリピリくるまで腐らせ、それを料理に応用する中国人というのがまた僕は怖くなるのである。『アジア漂流紀行』

人気の貝料理屋で

'13　ベトナム、ホーチミンシティ

ある夜、ホーチミンシティ在住の日本人と夕食を共にすることになった。「動くバイクをみることができる食堂がいいかな」という勝手な要望を知人は聞き入れてくれて、デタム通りに近い貝料理屋に行くことになった。なんでもそこには二、三軒の貝料理屋が並んでいるのだが、そのうちの一軒が異常な人気なのだという。

たしかに店は混んでいた。一階と二階に低いテーブルが並んでいたが、そこはすでに満席で、歩道にテーブルが出されていた。入口に置かれた貝を指さし、調理法を伝えるシステムだった。ホタテにカキ、巻き貝……ムール貝に似た貝はタインホワというのだという。周囲を見まわすと、圧倒的に女性客が多かった。そして必ず、バゲットも一緒に注文していた。

貝とバゲット……。おそらくベトナム風に調理されているであろう貝料理とバゲットの折り合いがどうしてもつかなかった。日本でいったら、アサリの酒蒸しをフランスパンで食べるようなものではないか。食べることができないわけではないが、ミスマッチのような気もする。

次々に料理が運ばれてきた。テーブルは低く、椅子は風呂のそれである。しかし並びはじめた料理からはヨーロッパのにおいが漂っていた。

「カキはチーズ焼き……ホタテはバター」

「そうなんです。ベトナム人は貝をこうやって食べるんですよ」

皿に盛られたムール貝もどきが運ばれてくると、僕の意識はベルギーのブリュッセルに飛んでいってしまった。いや、フランスのマルセイユか……。ブリュッセルはパリからそう遠くない。連休になると、列車に乗ってブリュッセルに貝を食べに行こうか……と思うほどの距離である。

おそらくパリに比べれば、料理の値段も安いのだろう。小便小僧の小さな像がある界隈には、そんな料理店がぎっしりと軒《のき》を連ねていた。フランス人たちは、そのテーブルに陣どり、バケツのような器で出されるムール貝とバゲット、そしてワインの前で笑顔をつくっていた。

マルセイユを訪ねたのは、季節外れの冬だった。港に面した店の多くは閉まっていたが、ビニールで覆った仮設テント店が、ストーブを焚《た》きながら営業していた。そのとき、僕とカメラマンは、ユーラシア大陸の東端から西端まで列車で向かうという旅の途中だった。残す国はスペインとポルトガルだけである。ここまで辿り着いたお祝いに、生ガキ、ムール貝、エビなどが氷の上に載ったセットを頼んだ。二十四ユーロ、約三千円もした。

「ここではムール貝も生で食べるんだ」

そんな会話を交わしたが、隣に座った女性のふたり連れは、白ワインで蒸したムール貝を注文していた。ニンニクとハーブの香りが湯気と一緒に漂ってくる。やはりムール貝は白ワイン蒸しだと思ったものだった。

排ガスが漂うホーチミンシティの歩道に広がる店のムール貝もどき料理が、きちんと白ワインで蒸されているのかはわからない。しかしニンニクのほどよい香りが貝を包み、その上に載せられたバジルが食欲をそそる。横には安物のプラスチック皿にバゲットが置かれている。こうなると、やはりブリュッセルやマルセイユだった。

ムール貝を口に放り込み、バゲットをちぎる。そっくりというわけではないが、ムール貝はヨーロッパのそれにかなり近い味だった。この店は大衆店だからワインなどは置いていない。サイゴンビールということになるのだが、ベトナム人はこういう料理を、あたり前のベトナム料理のように食べているのだった。

ホタテやカキにも手を伸ばしてみた。タイでも現地人向けの海鮮料理店で、ホタテのバター焼きは見かける。しかしカキは卵でからめるか、生が一般的だ。チーズ焼きには出合ったことがない。一般に東南アジアの人たちは、ピザでしかチーズに出合っていない気がする。カキとチーズという組み合わせに触手が伸びないのだ。しかしベトナム人は違う。フランス植民地時代に、チーズの味をしっかりと刷り込まれている気がする。

貝料理のひとつ、ひとつに、ヨーロッパのさまざまな風景が浮かびあがってくる。

「この店の締めはね、貝の入ったお粥《かゆ》なんですよ。これが絶品でね。韓国にアワビ粥があるけど、あれよりうまいですよ」

粥——。そこで世界は一気にバイクの音がうるさいホーチミンシティの路上に戻っていく。ムール貝やカキのチーズ焼きをバゲットで食べ、そして最後にアジアの定番料理である粥。一級のヨーロッパやアジアの料理が安っぽいプラスチック容器のなかで躍っている。それがベトナムという国の食文化のようだった。


『週末ベトナムでちょっと一服』

ちょっと気に入ったお茶

'00　メキシコ、グアナファト

メキシコのグアナファトにしばらく滞在した。そこにあるカフェでレモンティーを頼んだ。出されたお湯入りカップには、草色の葉が詰められたティーバッグが入っていた。

「……?」

ひと口飲んでみた。確かに酸味はあるが紅茶の味はしない。しかし酸っぱさのなかにどことなく日を浴びた草の香りがしてこれがなかなかいける。癖になりそうなのだ。おそらく味の記憶回路が結びついたのだろう。どこかで僕は何回となく、この味を口にしていた——。

草が詰まったティーバッグをまじまじと眺める。そうだ。これはレモングラスだ。レモングラスのお茶だったのだ。

もう何年前になるだろうか。生まれて初めてトム・ヤム・クングというタイ料理を食べたのは……。たぶん初めてタイを訪ねたときのことだから、もう二十三年も前になる。日本人に連れられて入った食堂で、僕はそのスープを飲んだ。なんという味かと思った。これまで僕が口にしてきた食べ物の領域を超えた世界だった。

スープのなかに藁《わら》のような薄い黄色の草が入っていた。なにかと思って口にしたが、筋が歯にあたるばかりでなんの味もしなかった。連れていってくれた日本人が、

「それは食べれないよ。酸味を出すんだ」

と説明してくれた。

不思議な植物だった。レモンの酸味は火を通すと弱まるが、このレモングラスは煮込まないと酸味が出ないのだという。

その後、僕はバンコクの市場で生のレモングラスを見た。それはミョウガの幹のようだった。葉は笹のように潤いがなかった。

こんな貧相な草から……。

酸味といえばレモンと梅干しぐらいしか思い浮かばなかった当時の僕は愕然とした。旅先で自分用の土産はめったに買わない。しかし今回はグアナファトのスーパーでレモングラスのお茶のティーバッグを買った。

『アジアの困ったちゃん』

ハングルが読めなくても料理は注文できる

'13　韓国、ソウル

店は仁寺洞《インサドン》からしばらく歩いたところにあった。路地の片側に蒸しアンコウ屋が数軒並んでいた。店の前にその料理の写真が掲げてあるのでだいたいわかる。韓国にいると、焼肉やサムゲタンなど肉系がどうしても多くなる。明洞《ミョンドン》を出るなら魚だと勝手に決めていた。

このときは、ソウル在住の日本人が一緒だった。頼み方のコツをつかもうとする思いもあった。

適当な一軒に入った。床に座るスタイルの店だった。店に入ると、半分ほどの席が埋まり、各テーブルには大皿に盛られたナポリタンスパゲティのような料理が置かれていた。これが蒸しアンコウ、韓国語でアグチムと呼ばれる料理だった。メニューは壁に掲げられていた。もちろんハングルだけである。いちばん上のメニューだけ、大中小という漢字があり、それぞれ、六万ウォン、五万ウォン、四万ウォンと書かれている。一万ウォンは約千円である。

「今日は三人だから、小でいいでしょう」

そういうと、知人は店員のおばさんになにやら伝えた。その内容を解説してもらった。

「ここに来る人は、そう、八割ぐらいは蒸しアンコウを頼むんです。メニューのいちばん上にあるのがそれ。韓国の店って、専門店化する傾向が強いんですよ。あの店に行ったら、これを注文するって感じ」

「そのメニューって、だいたい、メニューのいちばん上に書かれてます？」

「そういえば……そうかもしれない。おすすめ料理ってことでもあるし」

この手法は使えるかもしれないと思った。韓国の店は、冊子型のメニューを用意してあるところはあまり多くなかった。大型店や外国人が多いと冊子型になるが、規模の小さな専門店は、だいたいが壁メニューである。

韓国での料理の注文は、メインの料理を注文すれば、三、四種のつきだしがついてくる。ほかに頼む必要がないのだ。別に注文するのは飲み物とご飯ぐらいだった。韓国人向けの店は、冷蔵庫が店内に置かれていて、そこにビールやソジュという韓国焼酎が入っている。店の人に頼むこともあったが、自分でとってきてもよかった。つまり関門はメイン料理の注文だけだった。そこを突破すると、平坦な道がその先にのびているだけだった。言葉ができなくても、なんの問題もないのだ。韓国料理の注文は、難しいようでいて単純な要素ももっていた。

ビールを頼んだ。するとおばさんが、サラダ、カクテキ、キムチ、煮込んだ揚げ風の練りもの、ワカメ、というつきだしをテーブルの上に並べた。しばらくすると、湯気をたてたアグチムが出てきた。スパゲティに見えたものはモヤシだった。ぶつ切りにしたアンコウを蒸し、湯がいたモヤシと一緒に辛めの赤いたれで和える料理だった。アンコウのうま味をたれで引きたたせる料理である。おいしいが、正直なところかなり辛い。

最後はご飯を入れ、チャーハンにする。このあたりは流れになっていて、頃合いを見て、おばさん店員が、チャーハンにするか？……と訊いてくる。このあたりも、言葉がわからなくてもこなせそうだった。流れに乗ってしまえばいいのだ。チャーハンはなかなかの味だった。アンコウのうま味が効いていた。

『週末ソウルでちょっとほっこり』

午前中だけの密造酒があった

'01　インドネシア、スラウェシ島のトモホン

かつてインドネシアのスラウェシ島のトモホンという町を訪ねた。昼近い十一時頃、さしたる目的もなく町なかを歩いていると、雑貨屋を兼ねたような小さな食堂の店先に、ビール壜が三本並んでいた。近づいて眺めると、壜の栓はなく、その口からぷつ、ぷつと泡が吹きだしている。壜のなかの液体が発酵しているようだった。

店をのぞくと、老人が三人、ビール壜の液体をグラスに注いで飲んでいた。

「椰子《やし》酒だ。飲《や》るかい」

僕もコップに白濁した液体を注いでもらいひと口飲んでみた。アルコールは弱かった。甘さのなかに微《かす》かな酸味があり、どこかカルピスソーダに似た味だった。それでもコップ一杯分を飲むと、仄《ほの》かな酔いがまわってくるのだった。

なんでも早朝、椰子の樹液を集めると、数時間で飲み頃になるのだという。しかしそれを過ぎるとアルコールは強くなるのだが、酸味が強すぎて飲めなくなる。いわば午前中だけの酒だった。午後まで発酵した椰子酒は、蒸留してアラックという強い酒になる。こうなると国家が介入してきて税金という世界に入ってしまうのだ。いってみれば午前中だけ密造酒なのである。

年をとったら、午前中の密造酒を愛する不良老人になりたいという思いがどこかにあ

る。反骨精神旺盛だった昔を肴《さかな》に、弱い密造酒をちびり、ちびり。僕のような男には、そんな酒がいちばん似合っている気がする。『新・アジア赤貧旅行』

屋台で神業に出合う

'12　タイ、バンコク

一軒のそば屋台の前で、釘づけになってしまった。主人がバーミーと呼ばれる中華麺のそばをつくるのだが、その動作が実に軽やかだった。まるで音楽に合わせているかのようにリズミカルに麺をほぐし、刃の先に神経を集中させてそばに載せる肉を切る……。茹であがった麺をざるですくう。一連の動作が流れるように進んでいく。

横には奥さんらしいおばさんが立っていた。彼女は注文をとり、丼を片づけて洗い、そして代金をもらう。そういう役割だった。いや、そう思っていた。

ところが客が途切れたとき、屋台の横に立って、なにやら左手を動かしているのだ。不自由になった左手で小さな玉を握ってリハビリに励んでいるようにも見える。しかし身の動きは、いたって普通のおばさんだ。手が不自由な様子もない。

少し移動し、左手を凝視する。

「嘘だろ」

掌にはワンタンが握られていた。右手にワンタンの皮を数枚載せ、それを左手で一枚とる。と、左手の皮だけで具をつかみ、指先を小指から折るように動かしてワンタン一丁あがり。右手は皮を載せるだけにしか使わず、左手だけでワンタンをつくってしまうのだ。

日本のテレビでも、たまにタイ人の料理パフォーマンスが紹介される。空芯菜炒めを投げて皿で受けたり、空中にアイスクリームを投げてコーンで受けたり……。しかしそれらは、お調子者のタイ人が、客を呼ぶために考えたアイデアである。

タイ人はテンションを維持するのが苦手な人たちである。あるとき、そばを丼に投げるパフォーマンスが話題の店に行くと、ごく普通の、さしてうまくもないそば屋だったりする。「あの投げる技は？」と訊くと、

「飽きた」

などという言葉を、鼻毛を抜きながら平気で返してくる人たちなのだ。

しかし、このおばさんは違った。屋台横の暗がりで、注文を受けながら、左手が動いているのだ。テーブルにあいた器が溜まると、屋台裏で丼を洗い、気がつくと、屋台横の定位置に立って、左手を動かしている。そしてトレーには、次々に茹でる前のワンタンが並べられていく……。

路上の屋台で神業に出合ってしまった。これは食べないわけにはいかないではないか。

『週末バンコクでちょっと脱力』

タイ食材を日本で育てると……

東京

プリックキーヌーという激辛トウガラシを〔日本で〕育てたこともある。これを育てるには少しの時間がかかったが、やがて緑のトウガラシが実った。おぉ、ついにプリックキーヌーができたか、と感激もひとしおだったが、うろうろしているうちにこのプリックキーヌーがすくすく育ちはじめてしまったのである。タイの市場で売られているプリックキーヌーは長さ二〜三センチの小粒である。山椒は小粒でも……の諺の通り、それを一口嚙むと、とんでもない辛さが口のなかで爆発し、目から涙、鼻から鼻水状態に陥ってしまう代物である。タイ料理の辛さを演出するためには欠かせないものなのだが、日本のベランダで育ったそれは、長さが十センチにもなってしまったのである。それをとって、生で食べてみた。

「ん?……これはシシトウではないか」

タイのプリックキーヌーは、日本で育てるとシシトウになってしまうのである。正確にはシシトウとは違うのかもしれないが、シシトウほどに辛さが薄められてしまうのである。

僕はベランダに座ってひとり悩んでしまった。なにがいけなかったんだろうか。土は植木屋へいって腐葉土を買ってきた。早く育てようと水もこまめに与えた。こういう日本人的な育て方がいけなかったのである。プリックキーヌーはすくすく育ったが、このすくすくがいけなかった。水も与えられず、強烈な太陽にさらされ、土からも栄養がほとんど吸収できない、というような環境をつくってあげなければいけなかったのだ。厳しい環境のなかでは、植物は大きくなれない。葉も小さければ、実も小粒である。しかしその分、匂いとか辛さが凝縮されるようなのである。それでなくてはいけなかったのだ。恵まれた環境ですくすく育ってしまっては、タイ料理の素材にならないのである。

『新・バンコク探検』

五バーツそばという車内販売

'10　タイ列車

僕らは朝食をとっていなかった。それをさほど気にもとめずに乗り込んだのは、タイの鈍行列車は、次々に物売りがやってくることを知っていたからだ。彼らが売るものは、食べ物や飲み物といった車内食がほとんどだった。日本なら車内販売のワゴンがやってくるところだが、タイの場合は民間、いや個人販売が際だっていた。

以前からタイの列車の車内販売が多いことは知っていたが、改めてその自由さと密度に目を瞠《みは》ったのは、プロローグで紹介したチェンマイ行きの鈍行列車だった。物売りたちは、おそらく自宅の台所でパッタイという焼きそばをつくり、それを二十個ほどに分け、トレーに乗せて列車に乗り込んできた。朝、畑で穫れたラムヤイという龍眼の一種を売り歩くおばちゃんもいた。簡単なこづかい稼ぎの感覚なのだ。こういうことをタイの国鉄は、よく許すな、と思ったものだが、そこは南の国のおおらかさなのか、なにひとつ波風がたたず、僕はできたてのパッタイを食べたのである。

前日、トンブリー駅から乗った列車は、この個人車内販売が組織化され、より充実していた。

五バーツそばには感心してしまった。ビニールで具入りの汁なしそばを包み、それを新聞紙で包んで、割り箸を添えて売り歩くのだ。そばはしっかり香辛料が効いたなかなかの味だった。街の食堂で食べると二十バーツはする。それが五バーツというのだから、乗客はつい買ってしまう。ただし量は少ない。三、四口で食べ切ってしまうのだが、暑い車内で何時間もの時間をすごしている乗客は、退屈しのぎもあって買ってしまうのである。

おそらくはじめは、通常の一食分の汁なしそばを、ビニールや紙にくるんで売り出したような気がする。食堂のそばを車内に持ち込んだのだから画期的なことだった。しかし売り上げは思ったほどではない。量が多いのではないか……。手間はかかるが小分けにしたらいけるかもしれない。そういった試行錯誤を経た車内食の完成度すら感じるのだった。

ご飯物も車内食への進化を遂げていた。バナナの葉で小さな舟型の器をつくり、そこにご飯を入れ、その上からゲーンキヨワーンというタイ風グリーンカレーやレッドカレーをかける。魚カレーもあれば、野菜炒めを載せたご飯もある。これで十バーツなのだ。タイの食堂には、何種類かのおかずをつくり、トレーに入れて店頭に並べるスタイルの店がある。客は二、三種を指差して、皿に盛ったご飯の上にかけてもらう。庶民的な食事スタイルで、日本人の間では〝ぶっかけ飯〟などともいわれている。その料理が、バナナの葉の器に入れられ、まるでひと口丼のようになってトレーに並べられ、売り子はそれを手に車内の通路を売り歩く。

「ほーーッ」

それを見たときはさすがに唸《うな》ってしまった。

昔からある車内食も売りにくる。ビニール袋にもち米とやや甘い味つけで焼いた肉が入ったものだ。発泡スチロールの器にご飯を入れ、野菜炒めや目玉焼きを載せた駅弁スタイルの弁当もトレーに乗せて売り子が運んでくる。二十バーツから二十五バーツという値段なのだが、それを見ても食指が動かないのだ。

「工夫が足りないな」

などと呟《つぶや》いてしまうのである。暇な車内では、違った味をちょこちょこと食べたほうが楽しいのだ。


『鈍行列車のアジア旅』

ロシアは部屋食の国だった

'12 ロシア、ノグリキ

以前から、ロシアの街にはレストランが少ないことは知っていた。店をみつけたら、とりあえず食べたほうがいいという感覚はある。しかし人口一万人の町で一軒というのは、あまりではないか。そのせいだろうか。この店はそれなりの値段だった。

「ふたりで五百六十ルーブル。この伝票に書いてある」

「日本円で千四百円？　カニの五倍？　思い出しました、モスクワを。そのときはロシア語がペラペラのコーディネーターと一緒だったんです。彼がいうんですよ。レストランはめちゃくちゃ高いからって。だから、毎日雑貨屋でパンや惣菜、ビールを買って部屋で食べてました」

中田カメラマン（同行カメラマン）の言葉がヒントだった。

「部屋食？」

「そう。毎日」

「ロシアって、ひょっとしてそういう国じゃない？」

「部屋食の国」

「そう」

積年の悩みが一気に氷解した気がした。パッケージツアーに加われば、それなりのレストランが用意されているのだろう。しかしそのラインからはずれると、食堂砂漠に迷い込んでしまう。ロシア人は、外の店で食事をすることはほとんどしないようだった。家でつくるか、雑貨屋でパンやおかずを買うか……。かつては工場や会社に食堂があったのかもしれない。そんな世界で、食堂探しをするから苦労するのだった。ロシア人の流儀に倣《なら》って、雑貨屋で惣菜を買い、ホテルの部屋に並べればよかったのだ。すっきりした頭で眺めると、雑貨屋はおかずの宝庫だった。誰がつくるのかはわからないが、実に充実していた。

雑貨屋を何軒もはしごした。楽しくなってきた。ビーツのサラダ、キノコのマリネ、サラミソーセージ、チーズ、鶏の煮込み……。買い方も簡単だった。棚やガラスケースに並んでいるトレーの料理を指させばいい。すると容器に入れ、重さを量って料金が決まる。どれも二十ルーブル、三十ルーブルという値段だった。ソーセージやチーズ、ビールなどは、ひとつ、ひとつ丁寧に値段が書いてある。うれしくなるほどの明朗さだった。

外国人から「ぼる」という発想は、どこにもなかった。ホテルもそうだった。彼らが受けとっているのは定価の宿代のはずだった。日本人が五倍もの金を払っていることを知らない。甘い汁を吸っているのは、外国人旅行者を受け入れるという利権を手にする組織だけだった。庶民の暮らしは、質素で平和だった。

ロシア、いやサハリンの味が、狭いホテルのテーブルの上に並んだ。どれも頬がゆるむほど優しい味だった。ロシアの地方都市で食事をすると、いつも頷いてしまうのだ。その味は、ほっこりしてしまうほど穏やかなのだ。だから女性たちは皆、太ってしまうのかもしれないのだが。

一・五リットルのペットボトルに入ったビールを飲みながら、ビーツのサラダをパンに載せて食べる。すぐ近くのロシア正教の教会から、鐘の音が流れてくる。風に揺れるシラカバの音がざわざわと聞こえてくる。町は秋の気配にすっかり包まれていた。

『不思議列車がアジアを走る』

「出前一丁」が街を席巻していた

香港

だが実は、茶餐廳《チャーチャンテーン》に通う楽しみがひとつだけあった。公仔麵《ゴンヂャイミン》、つまりインスタントラーメンを食べることができたからだ。以前、公仔麵といえば出前一丁《チョッチンヤッディン》に決まっていた。メニューにも、米粉、通粉、出前一丁と書かれていることが多かった。

日清食品の出前一丁は、一九六九年に日本からの輸入品という形で香港に上陸した。その味が香港人の舌に響いてしまったようで、そのシェアを急速に伸ばしていくことになる。なんでも香港のインスタントラーメンの約半分は出前一丁なのだそうだ。こうなると、出前一丁は、インスタントラーメンの代名詞への道を歩んでしまう。インスタントラーメンならどんなメーカーであっても、出前一丁と呼ばれる雰囲気すらあった。

日本のインスタントラーメンのうち、ひとつの銘柄が、これほどまでに席巻《せっけん》してしまったのは、世界のなかで香港だけのように思う。それぞれの国には、それぞれの人気インスタントラーメンが生まれ、シェアを拡大していく。外国のインスタントラーメンが、これほどまで浸透していくのも香港らしい話ではあった。

『週末香港・マカオでちょっとエキゾチック』

コンデンスミルク入りコーヒー体質になるまでの道のり

'76　タイ、チェンラーイ

東南アジア、とくにフランスの侵攻を受けた地域はコーヒーになびき、それも苦いフレンチローストを受け入れていった。しかしそこには彼らの味覚というものも加味されていて、大量のコンデンスミルクと砂糖を入れるという東南アジアコーヒーを生み出していくことになる。一説では、コンデンスミルクを入れるスタイルもフランスが持ち込んだといわれるが、検証されているわけではないらしい。とにかく東南アジアには苦くて甘い、それもすごく苦くてのけぞるほど甘いコーヒーが定着していったのだ。

このコーヒーをはじめて飲んだのは、二十年以上も前のチェンラーイだった。ちょっと小ぎれいな飲み屋兼食堂のような店があり、僕はそこでコーヒーを頼んだ。ピンク色のプラスチック製ではあったが、ちゃんとカップがソーサー付きで出てきた。ソーサーの上にはコーヒーメイトという粉末ミルクと砂糖がふた袋ずつ載っていた。僕はどんな味かとミルクも砂糖も入れずにひと口飲んでみたのだが、その瞬間、

「なんじゃ、これはッ」

と椅子から転がり落ちるほどに甘かった。すでに大量のコンデンスミルクや砂糖が入っていたのだ。

「いったいこれをどうやったら飲めるだろうか……」

とテーブルの前で固まってしまった僕の姿は、店員にあらぬ誤解を与えてしまったようだった。僕がコーヒーメイトや砂糖が入った袋の開け方を知らないのかと店員は思ったらしく、若くて可愛い女性店員が、タイ人らしいとろけるような笑みを湛《たた》えて僕のテーブルの脇に立ち、コーヒーメイトと砂糖の袋を切ってコーヒーに入れてくれたのだった。

「ちょ、ちょっと待ったッ」

と制止することもはばかられるような自信ありげな顔で、彼女はふた袋ずつコーヒーに入れると、ご丁寧なことにスプーンでかきまわしてくれたのだった。

「さあ、どうぞ」

とっても親切なことをしてあげた——といったそぶりで踵《きびす》を返す女性を眺めながら、僕はうなだれるしかなかった。まるで毒でも飲むかのように口に運んでみる。あたり前だが頭痛を起こしそうなほどに甘い。しかし飲み残すのも悪いと、もうひと口啜《すす》る。吐き気すら襲ってきそうだった。

「これは砂糖をなめているようなものなのだから、飲むのは危険だ。そうだ、なめるしかない」

僕はスプーンにコーヒーを掬《すく》い、少しずつなめるように飲むしかなかった。

しかしこれからの話はなんだか切なくなってしまうような展開になるのだが、僕はこの激甘コーヒーにすっかりはまっていってしまう。東南アジアをうろうろと歩いている間、一日に一回はこの甘さの洗礼を受けるわけで、気がつくとこの甘さがなければコーヒーを飲んだ気がしない体になってしまったのである。どうも僕には絶対味覚というものがないらしい。はじめこそ、「なんだ、これは！」と立ちあがらんばかりだったというのに、一ヵ月もしないうちに、

「タイの朝はこれだよね」

などと目を細めているのだ。こんな話をする僕を気遣ってか、知人は、「さすが旅の達人。その順応力こそ大切なんですよ」などとお世辞を口にしてくれるが、その目の奥

底には、

「なんという節操のなさなんだ」

という嘲笑が潜んでいるわけだ。


『バンコク迷走』

第3章　びっくりハプニング編

旅先では思いもよらないことが、ときどき起こる。目の前で、あるいは僕の身に。珍事件や事故、乱闘騒ぎ、傍若無人な人々との遭遇、理解しがたい出来事の数々だ。突っ込みどころ満載なのだけれど、たいていの場合、僕にはなにもできない。

バスドライバーが自由すぎる

'87 タイ、バンコク

バスに乗っていると、バス停でも信号でもないのに突然停車してしまうことがある。どうしたのかと窓の外をのぞくと、運転手と車掌がテープを買ったりしている。コーラを買うこともある。道路に面した店に届けものをするときもある。ガソリンを入れることもある。その間、乗客は黙って待ち続けている。突然、バスが停まって、乗客のすべてが降ろされることもある。ガス欠とか故障なら話はわかるが、乗客を降ろしたバスは走り去ってしまう。なんのことだかわからずに、同じようにバスから降ろされた乗客に聞くと、

「ミーテゥラ（用事があった）」

とこともなげに答えてくれたりする。支払った二バーツはもちろん返ってこない。完全なボッタクリバスである。

『バンコク探険』

テレビのチャンネルが勝手に替わるのは……

'96　ラオス、ウドムサイ

だが同時に、ウドムサイの町で僕らは中国とも出合ってしまった。市場に並ぶ生活雑貨のほとんどは中国製だった。ホテルは簡単にみつかったが、そのフロントにいるのは中国人で、ラオスの言葉も英語も通じなかった。僕らは再び、筆談で交渉しなければならなかった。部屋に入り、そのトイレの汚さに中国を実感してしまう。極めつけは部屋にあったテレビだった。バンコクをでて以来、宿にテレビなどない世界を歩いてきた僕らは、ウドムサイという町の意外な発展ぶりを教えられたわけだが、その夜、スイッチを入れてみると映しだされたのは中国のテレビ局の番組だった。もうここまでくると、ラオスの首都であるビエンチャンからの電波は届かないようだった。チャンネルをカチャカチャまわしていた阿部君〔同行カメラマン〕は、

「どうも一局しか映らないようです」

といってベッドにゴロンと横になった。僕もベッドに寝っ転がってなにげなく中央電視台の番組を見ていると、突然、画面が他局の番組に替わってしまったのである。

「……ん？」

互いに目を見合わせ、阿部君が再びチャンネルをまわしたのだが、画面はまったく替わらなかった。

「いったいこのテレビはどうなってるんでしょうかね」

などと言葉を交し、僕らは再び訳のわからない画面をぼんやりと眺めていた。するとまた、突然に画面が替わってしまった。今度はたて続けに何回か替わった。

「……ん？」

中国に何回か旅にでていると、こういうときに、ある予感が頭をもたげてしまうものである。僕はひょっとしたら、と思い、階段を下りて一階のフロントを見にいった。やはりそうだった。そこでは三人の服務員がフロント横のソファーに座って、リモコンを操りながら、好みの番組に切り替えていたのである。つまり、このホテルのテレビは、フロントのテレビと直結しているただの受像器だったのである。各部屋のチャンネルはまったく意味をもたず、切り替えはすべてフロントに支配されていたのだった。


『歩くアジア』

僕の膝の上に置かれたもの

'81　インド、デリー

デリーでこんなこともあった。そのとき、僕は列車でデリー駅に到着し、駅前から自転車リキシャに乗って、安宿街に行こうとしていた。リキシャが動こうとすると、草色のサリーを着た若い女性がやってきた。当時はリキシャが少なかったのか、どうしてそういうことになったのか記憶も虚《うつ》ろなのだが、その女性はリキシャ夫となにやら話して、僕の隣に乗り込んできてしまった。そして、あたり前のように、彼女が持っていたスーツケースを、僕の膝《ひざ》の上にどんと置いたのである。

『格安エアラインで世界一周』

中国版〝ノアの方舟〟に乗ってしまった

'88　中国、長江を遡る船

ついでに彼らはさまざまな動物を持ち込む。ブタ、ニワトリ、アヒル、船中でタマゴからかえったヒヨコ、ヒツジ、ナマズ、カエル、イヌ、ネコ……。長江を遡る人民船は中国版〝ノアの方舟《はこぶね》〟であった。

馬鞍山《マーアンシャン》、安慶《アンチン》、九江《チュウチャン》……と船が着くたびに五等散〔いちばん安い船内自由席切符〕組とその動物たちの大移動が起きる。その数はざっと数百人と数百匹。人々は血相を変え、ニワトリをかかえ、下船口に殺到する。長江は乾期で水嵩《みずかさ》が減り、港から街までは百段を超える石段が組まれている。そこにも数百人の五等散組が待ち構えている。彼らもまた乗船口に殺到する。もう戦争である。ニワトリをかかえたおばさんが悲鳴をあげる。テンビン棒をかかえたおじさんがわめき散らす。カゴに入れられたブタが鳴き始める。僕らはそんな光景を、あっけにとられたように眺めるしかない。『12万円で世界を歩く』

料金交渉で遊ぶ運転手たち

'06　タイ、ノンカーイ

こんなことがあった。友好橋を渡った僕らは、ノンカーイのバスターミナルまでトゥクトゥク〔三輪タクシー〕で行くことにした。運転手たちに囲まれ、料金交渉がはじまった。ひとりが九十バーツといい、僕が五十バーツでどう……と値切る。少しの沈黙があり、ほかの運転手は六十といって手を挙げた。そこで手を打つか、と頷《うなず》こうとすると、横にいたおじさん運転手がこういったのだった。

「ひとり三十バーツでどうだい」

そこでまた一瞬の沈黙があった。三十バーツ？　安いではないか。しかし僕らは三人いる。……ということは九十バーツ。どっと笑いが起こった。せっかく九十バーツを六十バーツまで値切ったというのに、これでは元通りである。運転手たちが声をたてて笑った理由はなんだったんだろうか。場の状況をつかんでいなかった惚《ぼ》けたおじさんを笑ったのだろうか。あるいは僕らをからかって笑い声をたてたのだろうか。すると調子に乗ったほかの運転手がおどけた顔で口を挟みはじめるのだった。

「ひとり五十だ」

これでまた笑うのである。こうして今度は値段があがりはじめる。タイ人はどこか人生を遊んでいるようなところがある。料金は六十バーツで決まっているのだが、それを肴《さかな》に遊ぶのである。暮らしの余裕があるのかもしれないが、刺々《とげとげ》しさがすーッと消え、こちらの頬もつい緩んでしまうのだ。人生を甘く見ている気がしないではないが……。

『5万4千円でアジア大横断』

空港で野宿するムスリム集団

'81　エジプト、カイロ空港

そのとき、僕はパキスタン航空のカラチ行きにカイロで予約を入れた。ところが僕を含め、カイロで予約を入れた百人ほどが全員オーバーブッキングだった。全員がホテルを用意されることもなくつっ帰された。全員で抗議したが受け入れられなかった。そのため僕は、三日に一度の割合でカイロ空港に出向いていた。空港で空席を待つためである。僕はいつも、空港の待合室で二、三時間を過ごすはめになったのだが、いつも、白いムスリムコートを着た集団が、チェックインカウンターに長い列をつくっていた。その姿を、

「あい変わらず込んでるな」

と、溜め息まじりに眺めたものだが、二回、三回と通ううちに彼らがまったく同じ顔ぶれであることに気がついた。なんの気なしに観察していると、彼らの動きは実に妙なのだ。

館内放送があると、その集団からどよめきが起き、列が崩れる。そして我先にと別のカウンターをめざして走り、そこで新しい列をつくるのだ。二十分ほどが経ち、その騒ぎもようやく鎮《しず》まったころ、空港職員が現われ、

「ここじゃない」
と追っ払うようなポーズをする。と、この白いムスリム集団はまた騒ぎはじめ、人をかきわけて元のカウンターに列をつくるのだ。その集団の数が十人程度なら気にもならなかっただろうが、かるく百人を超える男たちが血相を変えて動きまわるものだからいやがうえにも目に入ってしまう。おまけに館内放送があるたびに騒ぎが起きるのだ。記憶を辿ってみると、三日前も彼らはここで同じことを繰り返していた。そういえば一週間前もそうだった。

僕はなにかのトラブルが起きているのだと思った。ちょうど二週間前、サダト大統領が暗殺され、空港も二、三日、閉鎖されていた。その影響かとも思った。予定の飛行機が欠航してしまい、あぶれてしまった客が連日のようにチェックインカウンターに押しかけているような気がした。こんなケースは、途上国では珍しくないからだ。

しかし、それにしてもうるさい集団だった。百人を超える男たちが、いつも口論でもしているかのように喋りまくっている。ただでさえ暑い空港がよけいに暑くるしい。

たまたま、待合室で隣に座った空港職員に話しかけてみた。よっぽど大変なトラブルなんですか、と。すると職員は、よく聞いてくれたといった態《てい》で、この白い集団の話をものすごい勢いで喋りはじめたのだ。

その職員の話によると、この白い集団はメッカに巡礼に行った帰りのクウェート人で、チケット上はなんのトラブルもないのだという。ちゃんと、五日後の飛行機に全員の予約が入っているのだ。ところが、一週間前から、連日、空港にやって来ているのだという。

「どうして？」

と聞くと、職員は、

「それがわかれば苦労しない」

と、疲れはてたといった面持ちでいうのだった。ムスリムコートのクウェート人たちは、全員が文字が読めなかった。だから、チケットになんと書いてあるかは解読できない。そんな彼らの間に、なにかのデマが流れてしまったらしい。例えば、飛行機に乗るためには二週間前に空港へ行って並ばなければならない——といったような。それにしてもうっとうしい話である。

彼らは全員文字が読めないが、アラビア語は通じる。しかし、いくら職員が、

「あなたたちの予約は、○月○日の便にちゃんと入っています。安心してください。それまでは市内のホテルにいていいんです」

と説明しても、頑として受け付けないのだという。それどころか、人数は日を追って増え続けているという。

「夜はどうしてるんです」

と聞くと、彼は空港前の広場を指差した。なんでもそこに野宿しているのだという。雨が少なく、夜もそれほど冷えないカイロは、野宿もそれほど苦にはならないと思うが、しかし野宿は野宿である。僕は頭が痛くなってきた。

その日も、僕は飛行機に乗ることができなかった。帰りぎわ、野宿をしているという広場を見てみた。そこには焚火《たきび》の跡があり、そこかしこに水入れや皿が置いてあった。彼らはここで煮炊きまでして飛行機を待っているようだった。

それから三日後、僕は無事、飛行機に乗ることができた。そのときも、カイロの空港は白いムスリムコートの一団でごったがえしていた。その数は、前にもまして増えている気がした。

『アジア赤貧旅行』

爆破テロ、一歩間違えば……

'10　ロシア、シベリア鉄道

爆破テロ――。

車掌室の無線機から響く緊張した声が車内に響いていた。張りつめた空気が伝わってくる。情報も錯綜しているようだ。事故なのか、テロなのか……。はじめは車掌も事態をつかめないようだった。

列車はアルテジアン駅に停車していた。

アストラハンを出発した列車は、カルムイク共和国を通過し、ダゲスタン共和国を進んでいくはずである。どちらもロシア領内だが、民族や宗教の違いから共和国と名乗っている。地図を見ると、アルテジアン駅はカルムイク共和国内にある。もう少しでダゲスタン共和国の境界である。

女性の車掌がコンパートメントに現われ、僕のノートに略図を描きながら説明をはじめた。同室のロシア人、バロージャが簡単な英語で補足してくれる。

やはり爆破テロだった。事故ではなかった。僕らが乗る列車の前を走っていた貨物列車が爆破された。

ダゲスタン共和国では、その年、すでに二回、列車を狙ったテロが起きていた。三回目のテロに、僕らは居合わせてしまった。

進むのか、戻るのか……列車はその指示を待っているようだった。

当然、戻るものだと思っていた。線路は単線である。爆破された貨物列車は脱線しているはずだった。いや横転しているのかもしれない。その車両を移動させなくてはならない。テロ犯の捜査のために現場検証も必要だろう。

通路に出てみた。乗客の多くが列車から降りはじめていた。短いホームの脇には物売りが出、人だかりができている。子供たちは草原で鬼ごっこをはじめている。停車時間が長くなると踏んだのか、ウォッカの酒盛りの輪をつくる男たちもいた。

列車を降りてみた。草の匂いのするそよ風が心地よかった。穏やかな日射しが、駅周辺の畑に注いでいた。小鳥のさえずりも聞こえてくる。

僕は戸惑っていた。

こんなに安穏な空気に包まれていていいのだろうか。しばらく先で、列車が爆破されたのだ。ひとつ間違えば、この列車がやられていたのかもしれない。動揺を隠せない乗客が、心配そうに列車の前方を眺めるというのが筋ではないか。乗客たちは、身に危険が及ばないとでも思っているのだろうか。

この駅に到着したのは正午少し前だった。一時間半ほどが経った頃だろうか。車掌から声がかかり、乗客たちは列車に戻りはじめた。僕も彼らに倣《なら》って車両に戻ると、車掌のおばさんは、ほっとしたような表情で説明してくれた。

「先に進むことができます」

「先に進む？」

それはダゲスタン共和国に入るということだった。

先に進むのか……。

アストラハンに戻った後の切符の手配やビザのことを考えれば、先に進むことは好都合だった。いや、そういうことではない。この先のダゲスタン共和国では、現実に爆破テロが起きてしまったのだ。そこを列車は走るというのだ。

『世界最悪の鉄道旅行』

結婚披露宴の出欠は確認されなかった

タイ

僕はこれまでタイ人の結婚披露宴に何回か呼ばれている。日どりが決まると、新婦や新郎の母親は招待状を知人の家に持参する。しかしそのとき、出席するかしないのかを聞かない。笑顔で帰っていってしまう。日本のように出欠を確認しないのだ。食事や会場の準備もあると思うのだが、そこはタイ式のどんぶり勘定なのである。人が増えるとテーブルが運び込まれ、料理も並ぶ。食事は日本のように、ひとり、ひとりに分かれていないからできるのかもしれないが、終わってみると、なんとかなっているのだ。

一度、結婚する新婦に聞いたことがある。彼女は四年制の大学を卒業し、日系企業で働く才女である。

「そんなことしたら、人数をカウントするのが大変じゃない。披露宴があることを忘れちゃう人もいるし……」

「……」

招待する側も、される側もタイ人だった。

『週末バンコクでちょっと脱力』

'17　インド列車

列車内で突然、青年が倒れた

その日の午後、雑然とした車内に叫び声が響いた。僕の横に座っていた青年が突然、立ちあがり、なにやら叫んだかと思うと、そのまま棒のように通路に倒れたのだ。目が宙を舞っていた。口から泡を吹きはじめた。すると、倒れた青年の顔に近いところに座っていた乗客が、床に落ちていたサンダルをひょいと手にとると、泡を吹いている青年の口に差し込んだ。そしてなにごともなかったかのように、隣に座る乗客と話を続けた。

「……」

インドはなんという国だろうか。倒れた青年は、おそらく「てんかん」だった。インドにはこの発作を起こす人が多いのだろうか。舌を噛《か》み切らないよう、すっとサンダルを口にはさむ動作が慣れていた。通路に倒れた青年は三十分ほどすると、むくっと起きあがった。そして短い昼寝から目覚めたような顔つきで僕の横に座った。

'96　ベトナム、ハノイ

血相を変えて駆け寄ってきた警官

ドンダンから列車でハノイに出た。ハノイでは自転車を借りた。僕らはその橋がロンビエン橋ということを知らなかった。気まぐれに街のなかを走っているうちに、橋の袂《たもと》に出てしまったらしい。年代で見ると、チュオンズオン橋ができ、車とバイクの通行が禁止されている時期である。しかし橋は夥《おびただ》しい数の自転車で埋まっていた。当時のベトナムは、いまほどバイクが多くなかった。貧しい時代を引きずるように、路上を自転車が埋めていた。

橋を渡った自転車の群れに阿部カメラマンがレンズを向けた。そのとたん、あたりに笛の音が鳴り響いた。いったいなにごとかと道行く人が立ち停まるほどの音だった。白い制服を着た警官が駆け寄ってきた。彼は自転車の交通整理にあたっていた。

警官は大声を発した。意味はわからないが、いいたいことの察しはつく。橋を写真に撮ってはいけないと叫んでいたはずだ。詰め寄る警官に頭をさげる。当時はまだデジカメが普及していなかった。カメラからフィルムを出して渡せといわんばかりの勢いだった。デジカメなら、目の前で画像を消せといわれるシーンである。幸い、フィルムを抜きとるまでに話は発展しなかった。

橋の撮影を禁止しているエリアや国はある。橋はある意味、軍事施設でもあるからだ。しかしそういう場所は雰囲気でわかる。兵士が警備のために立っていたり、周囲に漂う空気が若干張りつめている。僕や阿部カメラマンは、何回もそんな場に出合っている。その経験からすれば、ロンビエン橋はなんの問題もなかった。しかし警官は、血相を変えて駆け寄ってきた。

「そんなに重要な橋なんだろうか」

警官が去った後に僕らは首を傾《かし》げた。どこを見渡しても、警備をしなくてはならない雰囲気が伝わってこない。

これがベトナムという国の怖さなのかもしれなかった。人々は屈託がなく、路上にはアジアのエネルギーが溢れている。しかしベトナムは社会主義国なのだ。政治家や軍は、その枠組みのなかにいる。

『週末ちょっとディープなベトナム旅』

イラン人は全員日本人なのか⁉

'97 アゼルバイジャン、バクー

午後三時に外務省のオフィスに行った。入り口のドアは閉められていた。そこにいる警備員に聞くと、午後四時に開けるということだった。時刻が四時に近づくにつれ、オフィスの前の駐車場には人が集まりはじめていた。その数は二、三百人になる。僕らはできるだけドアの近くに立ち、開門を待つしかなかった。ドアが開いたのは午後四時十五分頃だった。しかし全員をオフィスに入れるのではなく、入り口で職員が名前を呼ぶ方式がとられてしまった。そのとたん、ビザを受けとりにきていた全員が入り口に集まり、自分の名前を聞くために押しあいへしあいがはじまってしまったのである。ビザを受けとりにきている人の大半はイラン人だった。なかには今日の列車かバスで移動したい人もいて、

「俺だけ早くビザくれないか」

と金を職員に渡そうとする奴がいる。そういううっとうしい奴が次々にドアに近づこうとするわけで、肉弾戦はますます激しくなっていった。それでも五分おきぐらいに三、四人の名前が呼ばれ、ドアのなかに入っていく。しばらくしてビザを受けとった人は、同じドアからでようとするのだが、なかに入ろうとする人の圧力でなかなかでられない。

そこで大声やら悲鳴やらが飛び交い、ドア周辺はとんでもない騒ぎになってしまった。

「ハポン《日本》」

という声が聞こえたのはいつ頃だったろうか。ドアが開いて三十分ほどが経った頃のような気がする。僕らは、

「ハイ、ハイ」

と大声をあげ、ドアに近づこうとした。ところがそのときに、とんでもない光景を目のあたりにしてしまうのだ。ドア近くにいた男たち全員が、

「ハポン、ハポン」

と手をあげ、なかに入ろうとしているのだった。髭面の男たちに向かって、

「おまえのどこが日本人なんだ」

と叫んだところで前に進めるわけではない。僕らはラグビーのスクラムよろしく頭を突っ込み、渾身の力を込めて人をどかし、自分のバッグを引き抜いてドアをめざしたのである。僕らが立っていた位置からドアまでは五メートルもなかった。しかしその距離は一キロにも二キロにも思えたものだった。

『歩くアジア』

'06 パキスタンのバス

バスでトイレに行きたくなったら……

あれは八時頃だったろうか。僕は車内でうとうとしていた。インドの路線バスとは違い、ひとりひとつのシートがあり、それほど深くはないが、リクライニングも作動した。空調が効くバスだから、窓も閉められ、車内は驚くほど静かだった。インドのバスに比べたら天国だった。ふいにバスが停まり、目を開けると、橋野君〔旅の同行者〕が通路を歩いている姿が見えた。彼は腹を壊してしまったようだった。

インドに入った初日は元気だったが、それ以降、彼はカレーに苦労していた。彼はこれがはじめてのインドではないのだが、前に来たときもインドの飯には消化器官を痛めつけられたという。なにがいけないのかわからない。カレー味なのか、使う油なのか。しかしインドにはナンやパン、目玉焼き、そうマクドナルドもあるわけで、インド人から見たらずいぶん偏《かたよ》った食事に見えるのかもしれないが、なんとかそんな食事でしのいでいた。

しかし国が変われば味付けも違ってくる。僕らはラホールのバスターミナル脇にある食堂でたっぷりの昼食をとっていた。インドのバスでは、いつ飯にありつけるかわからない日々がつづき、それがトラウマになっていたのか、食べることができるときには一気に食べておこうという意識が三人のなかに働いてしまうのだった。しかし体はかなり疲れていたのかもしれない。バスがラホールを出発して三時間ほど経ったとき、下腹部を襲うウエーブに耐えられなくなったようだった。

そのとき、なにが起きたのか、僕にはすぐに理解ができなかった。橋野君の姿がバスの前方で消えた後、花火が弾《はじ》けたようなパン、パンという音が車内に響いた。一瞬、いやな予感が脳裡《のうり》をよぎったが、車内は平穏に保たれていた。しばらくすると、橋野君がほっとしたような顔つきで席に戻ってきたが、そのとき、またしてもパン、パンという音が響いた。しかしバスはその音が出発の合図かのようにエンジンをかけたのだった。

「たぶん銃を空に向けて撃ったんだと思います。乗降口にいた男が銃を手にしてましたから。でも、僕にしたらそんなことより……って感じで。もう寸前でしたから」

笑い話ではなかった。橋野君は暗闇のなかで生きた心地がしないまま、ズボンを下ろして、しゃがむしか術《すべ》がなかったのである。

「なにか空砲みたいな音だったけど」

阿部氏が口を開いた。しかし問題はそういうことではなかった。

そこまで治安が悪化していたのだ。このバスは運賃も高く、それなりに余裕のある人が乗るバスだった。武装集団に襲われる危険があったのかもしれない。街を離れた砂漠のなかは危ないのだろうか。バスのスタッフはちゃんと銃を用意していて、周囲を威嚇《いかく》し、橋野君を降ろしたのだった。そして発車する前にも数発。それもこのバスには銃があるというアピールだった。

バスに乗るときもものものしかった。乗客全員が警備員のような男から入念なボディチェックを受けた。いや、すでに、バスターミナル横の食堂で、僕らはパキスタンの現実に出くわしていた。『5万4千円でアジア大横断』

車は土砂崩れの現場にさしかかって

'18 インドネシア、メダンからブキティンギへ

車はトバ湖畔の道を進み、やがて峠道にさしかかった。山が深くなっていく。そのなかを南へ、南へと進んでいった。

山間の道だが、ひとつの峠を越えると小さな盆地に出る。それを繰り返していく。盆地のなかは、みごとに耕され、緑の濃い稲が風に揺れていた。晴天だった。日射しの強さから、赤道に近いことがわかる。ときどき町を通りすぎる。

メダンからの道に比べると、道の等級はひとつさがった感じだった。幅の広い、車専用道という雰囲気は薄れ、昔からの片側一車線の道が舗装されたという感じだった。道

は何回も分岐し、峠道は葛折《つづらお》りが続いた。順調に南下していったのだが、ちょうど昼頃、車は急に停まってしまった。先頭は見えないが、車がぎっしりと詰まっていた。

いやな予感がした。アッバス〔運転手〕が車を降り、渋滞の先頭のほうに歩いていった。しばらくして戻ってきた彼はこういった。

「道が壊れた」

土砂崩れということだろうか。先に進むことができないではないか。どうなるのか訊いてみたが、彼にはそれ以上の英語力はなかった。

三十分がたっても車は動かなかった。四十分がすぎても渋滞のままだ。しかしアッバスはただ運転席に座っている。待てば道は復旧するのだろうか。いや、今日は戻らなくてはいけないかもしれない。となると日程はずれてくる。このあたりに宿はあるのだろうか。

「ん？」

前方からやってくる一台の車が見えた。大型トラックの脇の狭いスペースを徐行しながら進んでくる。その後ろに五台の車が続いていた。大型のトラックやバスは難しいが、一般車が走ることができる道は確保されたのかもしれない。しかしアッバスはそのまま座っていた。一時間がすぎた。すると、彼の携帯電話が鳴った。簡単に話をすませると、彼はブレーキをはずした。先頭のほうにいるドライバーから連絡が入ったようだった。車はトラックの脇の路肩スペースをのろのろと進んでいく。十分ほど走っただろうか。土砂崩れの現場が前方に見えた。斜面には大型トラックが横転していた。この車が通過中に、道は崩れたのだろうか。削られた斜面に何本もの轍《わだち》が残っていた。急場しのぎだったが、一般車が通ることができるスペースをつくったようだった。とはいっても斜面である。トヨタのラッシュは、車体を大きく右側に傾けながら少しずつ進んだ。そして、最後の斜面を一気に駆けのぼった。アッバスが大きく息をついた。土砂崩れ区間をなんとか通過した。

『12万円で世界を歩くリターンズ——赤道・ヒマラヤ・アメリカ・バングラデシュ編』

つながらない電話に向かって叫ぶ

'17 カナダ、バンクーバー

二〇一七年の六月。バンクーバーに向かった。そこでもロストバゲージに遭ってしまった。ユナイテッド航空だった。コールセンターの電話番号が書かれた紙を渡された。翌日から、そこに連絡をとれという。料金はかからない電話だった。

ホテルに一泊し、翌朝、コールセンターに電話をかけた。テープが流れ、その指示に従って番号を押す。やがて電話が鳴る音が聞こえてきたが誰も出ない。それを三回繰り返した。コールセンターになかなかつながらないことは珍しくないが、それでは困るのだ。着替えの衣類がひとつもない。その日の夜にトロントに向かう列車に乗ることになっていた。どうしたらいいのだろうか。困ってフロントに相談にいった。

「コールセンター、出ない……。簡単よ。叫ぶのよ。電話に向かって」

「叫ぶ？　相手が出ないんですよ」

「それでも叫ぶわけ。やってあげましょうか」

フロントの女性にコールセンターの番号を渡した。僕と同じように何回か番号を押す。そしてしばらくすると、彼女が突然、大きな声で話しはじめた。何回か同じ言葉を繰り返している。と、急に声のトーンがさがった。

つながったようだった。

彼女が僕に代わって、ロストバゲージについて訊いてくれた。まだどこの空港にあるのかわからないという返事だったという。

「アメリカやカナダのコールセンターはとにかく出ない。ルルル……って音を聞いていちゃダメ。そこで叫ぶ。すると出てくれるから。頑張ってね」

そういうものなのか。

以来、スマホに向かって叫ぶ日々が続いた。自分の名前、ロストバゲージだということ。着るものがないということ……。

話す内容も覚えてしまった。

そうすると、不思議なことに、電話の向こうから声が聞こえてくるのだ。インド英語だった。ユナイテッド航空のコールセンターはインドにつながるようだった。

『旅がグンと楽になる7つの極意』

クラブ化するバス

'13 ベトナム、ホーチミンシティのバス

あたりは暗くなり、同じ道を走っているのかどうかもわからなかった。突然、車内が明るくなった。車内の照明がついたのだが、それは一色ではなかった。赤、青、緑……と次々に色が変わっていく。阿部カメラマンと顔を見合わせた。

「まるでクラブだな」

「七色です。LEDですね。これにロックでもかかれば、本当にクラブですよ」

アジアは不思議である。それから十分もしないうちに、ロックの大音響が車内に流れ

はじめたのだった。低音が腹にずっしりと伝わるロシアンロックだった。阿部カメラマンが感心した面もちでいう。

「なかなかいいスピーカー、使ってますね」

そういうことじゃないだろ。これは市内バスなのだ。郊外の工場で働く人々が通勤に使っているバスなのだ。実際、誰ひとり通路で踊りはじめる人はいない。降りるバス停が近づくとブザーを押し、黙って降りていく。しかし車内はもう、完全にクラブなのだ。日が落ちると、ホーチミンシティの市内バスは、クラブバスになることを許されているのだろうか。

ホーチミンシティの市内バスの奥は深そうだった。　『週末ベトナムでちょっと一服』

国境に毎日、八千人が集まっていた　'19　インドのイミグレーション

インドのイミグレーションで、僕らが通ったスタジアムのことを訊いてみた。

「フラッグセレモニーの会場ですよ」

「フラッグセレモニー？」

「国境の旗をさげるセレモニーです。午後六時からはじまります。せっかくだから、観ていけばいい」

国境から、今日、泊まる予定のアムリツァルまではそう遠くなかった。

イミグレーションを出ると、その前の道は混みあっていた。サッカーの会場に向かうサポーターの列を見ているようだった。スタジアムが近づくにつれ、その密度はさらに高まっていった。飛行機に乗るときのような厳しいセキュリティチェックがあった。荷物は預けなくてはならない。そこのおじさんに訊くと、毎日、八千人ぐらいの人が集まるのだという。かなり下駄を履かせている気がした。主催者側の発表というやつだ。パキスタンからインドに入ったときにくぐったアーチの近くに、階段があった。そこをのぼってスタンドの二階から入ろうとした。しかし入口を観客がぎっしり埋めていてなかに入れない。三階にあがった。その入口も人で埋まっていた。ようやく四階からスタンドに入ることができた。

「なんですか、これ」

眼下にある席を埋める人の多さに息を呑んでしまった。八千人というのは少しオーバーかもしれない。しかし六千人ぐらいは確実にいる。

大音量の派手な曲が会場を包んでいた。僕らが通ってきた国境に視線を移した。パキスタン側にもスタンドがあった。そこにも人が集まっているようだった。急に音楽がやみ、スタンド中央の通路に白い上下の体操着を着た男性が飛びだしてきた。一気に会場が盛りあがる。男性の声に合わせ、地鳴りのような声が響く。

「ヒンドゥスタン！　ヒンドゥスタン！」

男たちは拳を突きあげる。ヒンドゥスタンとはインドのことだ。

「なんなんですか、これ」

隣にいる中田カメラマンに話しかけたが、聞こえないようだった。サッカーのワールドカップの応援にも似ていた。観客は興奮した面もちで国名を叫び続ける……。

しばらくすると数十人の女性たちが下の通路に現れた。先頭の女性は大きなインドの国旗をもっている。すると旗リレーがはじまった。旗をひとりかふたりでもち、国境の地点まで走り、戻ってくる。それを次の女性に渡す。幼稚園の運動会にありそうな競技だが、インド人は単純なのか、これでまた盛りあがる。

「ヒンドゥスタン！　ヒンドゥスタン！」

最後には参加した女性が全員、通路に集まり、音楽に合わせて踊りはじめた。これでスタンドは大歓声に包まれた。

本来のフラッグセレモニーは、その大さわぎが終わってからはじまった。長身のイケメン兵士が列を組んだり、ときにひとりで、国境を往復する。足を高くあげるインドの軍隊式の歩き方だ。国境の向こうを見ると、パキスタンの兵士も、同じパフォーマンスを演じていた。バッキンガム宮殿の衛兵交代セレモニーを真似ているようにも映った。

やがて兵士の手で、両国の国旗がおろされていく。

悩んでしまった。インドとパキスタンは仲がいいわけではない。領土紛争はいまでも続いている。関係が悪化すると、この国境も閉鎖される。これまでも何回か閉まったことがあった。だから友好関係を演出するパフォーマンスが、両国軍の間で企画されたことはわからないではない。しかしそのセレモニーに集まり、「インド、インド」と叫ぶ人々はなんなのだろうか。傍《はた》から見れば、それはクレージーな世界にも映る。これだけの人々が、毎日集まるというのだから、やはりわからなくなる。インド人はそこまでストレスが溜まっているのだろうか。

パキスタン側のイミグレーションで急《せ》かされた理由も、このセレモニーだった。パキスタン側は、このセレモニーにイミグレーションの職員もなにかの役割を負わされているのかもしれない。ということは、パキスタンの国境は、いつも三時に閉まってしまうということなのだろうか。

一時間ほどでセレモニーは終わった。早めに会場を出た。この人数が一斉に帰るわけだから、ぐずぐずしていると大変なことになりそうだった。スタンドの出口から大通りまでの間には、食べ物や衣料品の露店が連なっていた。セレモニーの間に集まってきたらしい。その光景は、どこか祭りの屋台のように映った。そう、ここでは毎日、祭りが開かれているようなものなのだ。会場は入場無料。やはり祭りだった。

『ディープすぎるシルクロード中央アジアの旅』

トイレのドアをガンガン叩かれた

'97　那覇からバンコクへ向かう機内で

僕は最近、バンコクへ行くときは那覇から出発することにしている。バンコクで沖縄との往復チケットを買っているのだ。航空会社はチャイナエアラインである。先日もその便に乗ってバンコクに向かったのだが、たまたま僕の座った席はトイレの横だった。そのとき僕は腹の具合が悪く、飛行機が飛び立って間もなくトイレに入った。しばらくするとドアをノックする音が聞こえた。僕はノックで返答をしたのだが、ドアを叩く音は一向に鳴りやまず、しだいにそれは拳でドアを叩く鈍い音に変わった。そして最後にはドア全体が揺れはじめた。

「なんちゅう奴なんだ」

僕は中途半端な状態でパンツとズボンをずりあげて外に出た。するとそこには台湾人の小柄なおばあさんが立っていたのである。

「おばあさんならしかたないか」

僕は諦めて席に戻ろうとすると、そこにも台湾人のおばあさんが座っていた。トイレの順番を待っているようだった。僕は身振り手振りで、そこが僕の席であることを伝えたのだが、彼女はその意味がわかったのか、わからないふりをしているのか、一向に立ってはくれなかった。結局僕は、トイレが空くまで立ち続けなければならなかったのだ。

おばあさんたちはトイレが近いのか、入れ替わり立ち替わりやってきた。僕の席からはその様子が間近に見えてしまう。おばあさんたちは、ドアが閉まっていることを意に介さず、ドアをガンガン叩き、終《しま》いにはドアをぐいぐい押していた。僕は初め、

「おばあさんたちはドアをロックすることを知らないんだろうか」

と考えていた。しかし違うのだった。トイレのなかから、ムッとした乗客が出、代わっておばあさんが入ると、カチッというドアをロックする音が聞こえるのである。彼女たちは知っていたのである。なんたる身勝手。なんたる傍若無人……。つまり自分がトイレに入りたければ、前に入っている人を叩き出すのである。


『アジアの困ったちゃん』

シャワーキャップの使い方

'88 アジア

シャワーキャップというのは、シャワーをあびるときに女性がかぶるビニール製のキャップである、ということは誰でも知っている。東南アジアから南アジアにかけて、安っぽい花柄のシャワーキャップが雑貨屋の店先などに吊るされている。その形は日本のそれとまったく同じで、その意味ではなんの不思議もない。が、その利用法を目のあたりにすると、アジアの民とはいかに柔軟な発想を持っていることか——と唸《うな》ってしまう。

アジアでは、このシャワーキャップは雨具なのである。

使い方は単純明快である。要するに雨が降ってきたとき、頭にかぶるのである。こうすれば確かに髪は濡れないですむ。

南の国の雨は突然やって来る。ところがアジア人の多くは、傘など持っていない。すると、ポケットからやおらシャワーキャップをとり出してかぶってしまうのだ。

だが、この姿には相当にうろたえてしまう。シャワーキャップというものを、女性がシャワーをあびるときに使うところしか見たことのない僕らにしたら、まさに発想の転換を迫られる。

インドあたりで、髭《ひげ》づらのごっつい男が、花模様のシャワーキャップをかぶっている姿を目撃すると、驚きを通り越してつい吹き出してしまう。ごついオカマが雨のなかを歩いているようなものだからだ。せめてあの花柄だけはやめてほしいものだ。

『アジア赤貧旅行』

カイロで道を尋ねると……

'81 エジプト、カイロ

僕がはじめてアラブの洗礼を受けたのはエジプトのカイロだった。もう二十年以上も前の話だ。エチオピアとスーダンをまわろうとしていた僕は、カイロでコレラなどいくつかの予防接種を受けなければならなかった。その施設を探すことが、こんなに大変だとは思わなかった。住所はわかっているというのに、道行く男たちに聞くと、皆、違う方向を指さすのである。ひとりとして、「知らない」とはいわないのだ。自信ありげな表情で、堂々と大嘘をつくのだ。道にはゴミが散乱し、どぶは異臭を放っていた。そんなカイロの街を、西へ東へと男たちに翻弄されながら歩きつづけた。

「おまえら、いい加減にしろよ」

と額の汗を拭いながら、僕はひとつ、またひとつとアラブ社会の歩行術のようなものを身につけていった。

『香田証生さんはなぜ殺されたのか』

列車は山火事に包まれて

'16　ミャンマー、カンゴーからカレーミョへ向かう列車

腕時計を見ると午後の四時すぎだった。そろそろ気温がさがる……。そう思っていると、ひとつの駅に停車した。ホームには中年の男性や女性がバケツを手に待ち構えていた。乗客はわかっているようだった。皆、ホーム側の窓に集まってくる。

水だった。

おそらく水道水だった。しかしそんなことはいっていられなかった。バケツのなかにはコップがいくつも入っていて、乗客たちは窓から身を乗りだすようにして何杯も飲む。僕も倣《なら》った。冷えた水ではなかったが、ありがたかった。生き返った。

水は無料だった。暑気は毎日、こうして沿線の住人が列車の乗客を助けてくれるのだ。なんという列車旅だろうか。

列車は再びゆっくりと発車した。車内から話し声も聞こえてきた。水を補給し、乗客たちは精気をとり戻したかのようだった。

そこから三十分ほど走っただろうか。列車は急に停車した。車掌が現れ、乗客は中央の通路に移動してしゃがむように指示が出た。

「ファイアー」

車掌が説明してくれた。

「火？」

山火事だった。高温のなか、乾燥した葉が擦《す》れ、自然発火したようだった。窓からのぞくと、煙が流れている。

「ここでずっと停車？」

不安を隠せないまま通路にしゃがんでいると、列車はゆっくりと走りはじめた。突っ切るようだった。

すると窓から一気に熱風が流れ込んできた。熱い。頭をあげると、細い枝が勢いよく燃えている。黒焦げになった枝もある。パチパチという音も聞こえる。こんな火のなかを列車が進んでいいのだろうか。

その間は一分ぐらいだったか。いや五分……。乗客たちが身を起こしはじめた。吹き込む熱風も消えた。山火事地帯を突破したようだった。

『東南アジア全鉄道制覇の旅――タイ・ミャンマー迷走編』

タクシーに乗り込んできたのは……

'73　タイ、バンコク

十年ほど前、そんなタクシーに空港から乗った。当時のバンコクのタクシーには冷房がついていなかった。車に乗ると、熱気が吹き込んでくることはわかりながらも、窓を目いっぱい開けなければとても座り続けていられなかった。既に日はとっぷりと暮れ、そのなかをタクシードライバーは見知らぬ道を走っていた。ほとんどタイ語が話せなかった当時の僕は、黙ったまま後ろのシートに座っていたが、車が狭いソイ〔路地〕に入り、見たこともない長屋の前に停まったときはさすがに不安になった。運転手は、

「ちょっと、待ってくれ」

といって車を降りた。僕はいよいよ焦った。バンコクにそれほど詳しくはなく、ドライバーが僕の金を目当てにした強盗に変身する可能性がないわけではなかった。ほどなくして、ドライバーはひとりの女を連れてきた。そして助手席に座らせると、

「マイ・ワイフ」

と英語でいって笑みをつくった。僕はなぜこうなるのか理解に苦しんだ。車は再び大通りに出、アヌサワリに近い病院の前で停まった。そこで奥さんを降ろすと、運転手は、

「さて、どこへ行くんだったっけ」

と聞いてきた。僕は戸惑いがちに答えると、

「スクムウィットソイ二十三。オーケー」

とアクセルを踏んだのである。

僕は頭が痛くなってきた。車のなかで聞いたところ、奥さんは看護婦だった。これから夜勤なのだという。まあ、それはいい。しかしおまえはタクシードライバーだろ? そしてオレは客だろ? おまえはそうやって毎日、奥さんを病院に送ってるのかよ。

ドッと疲れがでてしまった。

タイ人である。


『ホテルバンコクにようこそ』

車内ではじまった大ゲンカ

'97 カザフスタン、アルマトゥイからタシケントへ向かうバス

バスは夜の八時にアルマトゥイを出発した。満席だった。途中から乗り込んできた人は皆、通路に立たなければならないほどだった。バスはハンガリー製でリクライニングすらなかった。このバスに一晩、揺られなければならないと思うと気が重くなった。だ

がそれ以上に、僕らを滅入らせたのは車内でおきたケンカだった。アルマトゥイ市内から一組の家族が乗り込んできた。スラブ人だった。奥さんはなかなかの美人で十歳ほどの男の子がいた。父親はだいぶ酔っているようだった。最初の小競り合いは後部の座席でおきた。女性の悲鳴が聞こえ、なにごとかと思って振り返ると、ふたりの男が殴り合っていた。ひとりはカザフ人だった。もうひとりは例の父親だった。近くの男たちがとり押さえ、父親は僕の斜め前の通路に座らせられた。その横で息子が泣きじゃくっていた。ケンカの当事者をバスの前と後ろに離れさせたわけだ。父親はしきりと自分の正当性を近くの男や女に話しはじめていた。ロシア語はまったくわからないから、彼の主張は理解できなかったが、言葉の端々に、スターリンとかマフィアという言葉が聞きとれた。しばらくバスのなかは静かだった。僕はうとうとしていたらしい。突然、僕の肩に激しくぶつかる衝撃で目が覚めた。おさまりのつかないカザフ人が前までやってきて、僕の横で殴り合いがはじまったのだ。再び近くの男たちが押さえ込んだ。カザフ人はカマキリのような顔をした立派な体格の男だった。

酔ったスラブ人と素面《しらふ》のカザフ人のケンカの勝敗は明らかだった。うずくまったスラブ人の父親は、腹や顔をボコボコに殴られていた。しかしそれから二時間ほどが経ち、バスがトイレ休憩で停車したとき、スラブ人の父親が反撃にでた。この時期を待っていたかのように通路をつき進み、カザフ人に蹴りを入れたのだ。再び車内での乱闘がはじまったのだった。このケンカは結局、朝まで続いた。どっちが勝ったのか負けたのかはわからなかった。いや、そういう問題ではなかったのかもしれない。ただ、車内にはいつもささくれだった空気が流れていた。『歩くアジア』

洪水の最中で酒盛り

'13 カンボジア、シェムリアップ

道路の周囲の水田は水没していた。そこで目にしたのは、何艘《そう》もの小舟だった。男が舟の上から投網《とあみ》を打っていた。高床式の家には、だいたい小舟があった。洪水に見舞われるとこの舟が足になるのだが、この舟で漁にも出る。田畑が水没し、仕事ができない男たちは、それが当然といったような面もちで漁師に変身するのだった。

「アジアの暮らしだよな……」

などとのんびり眺めているうちはよかったが、しだいに田畑に流れ込んだ水の水位があがっていった。やがて道路も冠水しはじめた。

どういう地形のなかに道をつくったのかはわからなかったが、両側の水位があがって道路が冠水するのではなく、左側から右側へ水がかなりの勢いで流れていく冠水だった。

トンレサップ湖から溢れた水はいま、道路の左側に流れ込んでいるようだった。

車は速度を落とし、水しぶきをあげながら進みはじめた。冠水は数センチで問題はなかった。道路脇をバイクも走っていた。

ふと見ると、道の右側に人だかりがあった。このあたりは盛り土の上に道がつくられ、水は左から右に勢いよく流れ、人が集まっているところは、短い滝のようになっていた。ゆっくり進む車から眺めると、上半身裸の男が二、三人、道路脇に座ってビールを片手に酒盛りをはじめていた。流れる川に下半身を浸けているようなもので、涼しく、気持ちがいいのだろう。水が流れているから、つまみを路上に置けないことが難点だった……。

いや、そういうことではなかった。いま、水がどんどん流れ込んでいるのだ。日本だったら、住民の避難がはじまり、消防団や警察官が走りまわっているときである。役場には対策本部が設置され、作業服に着がえた職員が電話にかじりついているかもしれない。そんなときに、カンボジアでは水に半身を浸けてビールなのである。通りかかったバイクが男たちの脇に停まった。缶ビールを一本もらい、乾杯まではじめている。飲酒運転になってしまうではないか。

いや、そういうことではなかった。洪水なのである。水がどんどん流れ込んでいるのだ。前方を見ると、干したイカやポテトチップスなどを荷台の箱に入れた自転車を押すおじさんの姿が見えた。水流にハンドルをとられてしまうのだろう。

「あのおじさん、ここで酒盛りをやってることを聞きつけたんだろうね」

「水量がどんどん増えているような気がするんですけど」

「なんとかなるんだろうねェ」

車は水しぶきをあげながら、のろのろと進んでいく。あと五十センチほど水嵩《みずかさ》があがれば、車の通行も難しくなるだろう。運転手はそんな心配もない様子でハンドルを握っている。


『「裏国境」突破　東南アジア一周大作戦』

ジャカルタ電車の屋根の上

'12　インドネシア、ジャカルタ

マンガライ駅に近い跨線橋《こせんきょう》にのぼってみた。ボゴールに向かう電車が十五分から二十分おきに橋の下を通っていった。冷房車が二本続くと、次は冷房なしのエコノミーといった割合だった。冷房車は窓が閉められているので、混み具合はわからなかったが、屋根に人が乗ったエコノミーは、かなり遠くから識別することができた。

屋根まで人が乗る列車は、さまざまな国で見てきた。アフリカのスーダン、インド、バングラデシュ、カンボジア……。それらはどれも長距離を走る列車だった。混みあう車内を嫌って屋根に座る人もいたが、列車の運賃すらない人々が移動する手段でもあった。スーダンでは車内のあまりの暑さに耐えかね、僕も屋根にのぼった。しかし突然、列車は砂嵐に襲われ、眼鏡が吹き飛んでしまった。

しかしジャカルタのそれは、長距離列車ではなかった。頻繁に走る通勤、通学電車だった。以前にもこの電車を見ていたが、屋根にのぼる人々は減ってはいなかった。なかには電車の前面にスパイダーマンのようにはりつく青年もいた。ジャカルタに集まる若者は、年を追って増えているのだろう。しかしジャボタベック〔ジャカルタ首都圏電車運行会社のかつての愛称〕は、冷房なしエコノミー電車を減らそうとしていた。混雑は以前よりひどくなっているのかもしれなかった。

ジャボタベックは、この屋根乗りを防ぐために、さまざまな作戦に出ていた。ホームの屋根の軒《のき》に有刺鉄線のフェンスをつくる駅もあった。屋根に突起をつけた車両もあるという。しかしこの屋根乗り乗車はいっこうに減らなかった。

ジャカルタ首都圏を走っているのは電車だった。屋根にはパンタグラフがあり、その上を高い電圧がかかった電線が走っていた。

僕が立つ跨線橋周辺の電線は低くなっていた。屋根乗りの乗客たちはそれを知っていて、皆、前かがみになっていた。もし触れてしまったら、大変なことになる。実際、毎年、十人を超える乗客が犠牲になっているという。命がけ乗車でもあるのだ。なぜそこまでして……。やはり安いからだった。ボゴールまで冷房車は九千ルピアだが、冷房なし電車なら二千ルピアですんでしまう。安い賃金で働く人や学生たちにしたら、この差は大きかった。混みあう車内はつらいが、屋根の上は座ることもできる。風も汗を乾かしてくれる、電線さえ注意すれば……。ジャカルタに生まれていたら、僕もそうするような気がする。『不思議列車がアジアを走る』

すべてをのみ込む川

'88　中国、長江を遡る船

彼らの食事は、圧倒的にインスタントラーメンである。湯を注ぐだけの簡単なもので、一個〇・四元（約十五円）ほど。船には食堂があるのだが、いくら安くあげようとしても二〜三元（約七十〜百十円）はかかってしまう。人民にとっては、毎回食べられる金額ではない。だが、困ったことに彼らは食べかすやインスタントラーメンの袋をどんどん川に投げ捨ててしまう。それだけではない。果物かす、ツバ、茶殻、酒瓶、ゴザ、動物の糞《ふん》……と、およそ船からでる夥《おびただ》しいゴミのすべてを長江に捨てる。

だから、甲板の手すりに寄りかかって川を眺めていることはかなり危険である。上からゴミやツバがかなり頻繁に降ってくるのだ。もちろん、乗客のウンコやオシッコも垂れ流しだ。考えようによっては、長江は巨大なドブでもある。しかし、灰褐色の長江はすべてをのみ込み、臭いすらしない。不思議なことにゴミすら浮いていない。恐ろしい川である。

『12万円で世界を歩く』

ステージで寝た翌朝に

'83　ミャンマー、ヤンゴン

バングラデシュのダッカを発った飛行機がラングーン〔現ヤンゴン〕に着いたのは、夜の九時だった。この飛行機にはネパールのカトマンズから乗ったドイツ人とスイス人がいて、彼らとタクシーをシェアしてＹＭＣＡに着いたのが十一時。すでに半分ほど閉まっていたシャッターの下から入り込んで、フロントの前に立ったところまではよかった。

ところがスタッフは、今日は満室、というのである。こんな時間にほかのホテルを探すのも難しく、困っていると、

「ステージなら……」

とそのスタッフはいったのである。そのとき僕はステージという意味がわからなかった。しかしそれが本当のステージとは……。

連れていかれたのはYMCAの講堂だった。そこにはステージがあり、そこに寝てもいい、というのである。だが無料ではない。料金は六チャット。当時のレートで百五十円ほどだった。まあ、野宿することを考えれば、これも上等、と僕ら六人は、講堂のステージの上の適当な場所に寝袋を敷いたのである。

だが問題は蚊だった。一応、僕は横で蚊とり線香を焚《た》いたのだが、部屋とは違って煙は高い天井に向かってたち昇るばかりである。熟睡できるわけがなかった。

そして朝、僕は隣に寝ているドイツ人に脇腹をつつかれて目を覚ました。彼は入口の方を指さしたのである。寝ぼけ眼に飛び込んできたものは、正装したビルマ〔現ミャンマー〕人たちだった。

その日は日曜日だったのである。日曜学校のために、ラングーンのキリスト教徒たちが集まってきていたのだ。

僕は焦った。なにしろステージの上で、Tシャツ一枚、パンツ一丁という姿で寝ているのである。とても立つわけにはいかない。ステージの上で立つということは、その姿を人々にさらけることなのである。

僕は隣のドイツ人に目配せを送り、ゴロゴロと転がって、ステージの袖を目指した。体に寝袋や荷物を絡みつかせるようにして転がる姿は、とても人には見せられるものではなかった。

僕らにステージを提供してくれたのは、ＹＭＣＡの誠意なのかもしれなかった。しかしひとこといってほしかったのである。

「明日の朝は、日曜学校がある」

ということを。

『アジアの安宿』

朝五時に起きて目にした山の大きさ

'18　ヒマラヤ、アンナプルナの山小屋

翌朝、五時に目が覚めた。トイレに行こうと部屋を出た。空に雲はないようだった。左手に視線を移し、息を呑んだ。

「なにッ？」

昨夜、空だと思っていたところに、アンナプルナがそびえていたのだ。北側の空の三分の一ぐらいを占めている。その山の大きさに圧倒された。近づくと山は大きくなる。

あたり前のことだ。しかし日本の山は、北アルプスでも標高は三〇〇〇メートルを少し超えたぐらいだ。標高が一五〇〇メートルほどの上高地から奥穂高をめざして登っていく。山は大きくなるが、やはり三〇〇〇メートルなのだ。チョムロンの標高は約二〇〇〇メートルだが、そこから見るアンナプルナの主峰は八〇〇〇メートルを超えている。山は柱のように立っているわけではないから、標高差六〇〇〇メートル分がすべて山ということになる。山の量が圧倒的に違う。三十年前、チョムロンの村に二泊したが、山全体が雲に隠れていた。これほど大きいとは思ってもみなかった。

急いで用を足し、テラスから山を見あげる。隣の部屋のインド人青年たちも次々に現れ、雲ひとつないアンナプルナを見あげる。皆、言葉が出ない。たしかに圧倒される大きさというものがあると思った。土地の人は、この山を神と崇《あが》めている。そう考えるのは自然の流れだった。いや、神でも足りない……そんな気さえした。

『12万円で世界を歩くリターンズ——赤道・ヒマラヤ・アメリカ・バングラデシュ編』

自転車の荷台に飛び乗ってくる奴

'96 ベトナム、ハノイ

　自転車で走ってみると、ハノイは予想以上にごみごみしていた。長い戦争でこの街はうんざりするほどの火薬を吸い込んだはずなのに、再びアジアの街が草が生えるようにできあがってしまったようだった。ダウンタウンでは旧正月の飾りものが売られ、免税品店より安いウイスキーやタバコが路上にせりだすように並んでいた。僕らは気まぐれに幅の広い道路を横切り、土手を越えて、ホン川の河川敷に出てみた。川でも見てみよう、という思いとは裏腹に、そこは小さな粗末な家々が寄りそうように建つ一角で、スラムのなかのように入り組んでいた。どうもここは、外国人が入ってはいけないエリアのようだった。仕事もなく、路上にたむろする男たちが盛んに出口の方を指差した。僕らは出口に向かって走りだした。僕の前を阿部君が走っていた。すると、近くにいた青年が阿部君の自転車に近づき、少し小走りにステップをきって、彼の自転車の荷台にひょいと飛び乗ってしまったのである。突然にかかった体重に、阿部君の自転車は少しよろけた。彼はペダルをこぐ足に力をこめて体勢を整えると、ちょっと後ろを振り返った。するとと青年は、

「出口まで乗っけてってくれ」

　といったそぶりで、前方を指差したのだった。阿部君はなにがなんだかわからず、ペダルをまわして出口のところまで乗せてあげたのだが、考えてみれば、とんでもなくずうずうしい奴である。場所を日本に置き替えてみてほしい。住宅街を見ず知らずの人が

自転車をこいでいて、

「あそこまで乗っけてくれ」

と荷台に飛び乗る奴がどこにいるのだろうか。ましてや僕らは外国人なのである。これまでアジアのさまざまな街で自転車に乗ってきた。上海のごつい自転車を借りたこともある。プノンペンの街も自転車で走ったし、バリ島でも自転車に乗った。しかしさすがに、断りもなしに僕がこぐ自転車の荷台に乗る奴はいなかった。東南アジアの人々は、日本人以上に控えめで、謙虚である。外国人がこぐ自転車など、いくら乗せてあげる、といっても遠慮してしまうかもしれない。しかしハノイは違う。『歩くアジア』

バスのビデオが故障。すると……

'81　インド、ジャンムーからスリナガルへ向かうバス

インド北部のジャンムーからスリナガルへ向うバスに乗ったときのことだ。ジャンムーで聞いたところ、デラックスバスが最も速いとの話。僕はそのバスを予約した。ジャンムーとスリナガル間は約三百キロ。百ルピー（約九百円）のデラックスバスは、八時間で結ぶという。

バスは、ナショナルのビデオ付きだった。インド人にしたら、それがデラックスたる所以《ゆえん》なのかもしれないが、僕にとってはなんの意味も持たなかった。

ところがバスが発車して間もなく、ビデオの映り具合が悪くなった。最初は車掌がつまみをいじったりしていたがラチがあかず、ドライバーがバスを道の脇に停めて修理することになった。機械をすっかり引っこ抜き、接続などを点検した様子で、ようやく映るようになった。その間に約三十分ほど僕らは待たされた。

だが、しばらくバスが走ると、また故障。今度はそこから三十分ほど走った街の電気屋の前でバスが停まった。電気屋の店員が乗り込んで本格的な修理が始まったのだ。僕はバスを降り、道端にしゃがみ込んで修理が終わるのを待った。修理は二十分ほどで終わり、バスは走りだした。

一時間ほど走り、ようやく山道にさしかかってきたころになって、またしてもビデオが映らなくなった。運転手たちは再びバスを停めて修理しようとしている。が、いっこうに画面が映らない。すると、運転手はなにを思ったのか、バスをUターンさせはじめたのである。僕の脳裡《のうり》に悪い予感が走った。

まさか……。

隣の乗客に聞いてみた。

「そうだよ。このバスはジャンムーに戻るんだよ」

「しかし、もう二時間近くは走ったでしょ」

「でも、ビデオが映らない」

「確かにそうなんだけど……」

乗客のひとりひとりに、僕は聞きたかった。あなたたちは、スリナガルに行こうとしているのか、それともビデオを見にきたのか……と。

結局、いったんジャンムーに戻ったバスは、ビデオを修理し、七時間遅れで出発した。そして、スリナガルに着いたのは午前二時だった。この遅れは、すべてビデオのせいなのである。

スリナガルから帰る前日、僕はバスの予約オフィスにいた。この路線を走るバスには、来るときに乗ったデラックスバスの他にマイクロバスと一般バスがあった。

「速くて、ビデオが付いてないバスはないですか」

「ん？　ビデオが嫌いなのかい」

「いや、ちょっと……」

「しかしね、ここでは速いバスはすべてビデオ付きなんだよ。インドも日々進歩してるからね」

「そ、そうですか……」

結局、僕はそのオフィスで予約を入れなかった。当日でも乗れる一般のバスに乗ることにしたのだ。一般バスは確かにボロくて遅いが、ビデオが付いていないのだ。

ところが、僕がバスに乗った日、途中の道路で土砂崩れが起きてしまった。復旧まで十時間かかり、ジャンムーに着いたのは十二時間遅れだった。

インドでは常にこういうことになる。


『アジア赤貧旅行』

バスは水のなかを進んでいた

'92　バングラデシュ、コックスバザール

僕らがコックスバザールを訪ねたのは、雨季のただなかだった。タイやビルマ（現ミャンマー）の雨季もたいへんなものだが、バングラデシュの雨季というものはちょっとレベルが違う。ガンジス川のデルタ地帯に、追い込まれるようにしてできた国がバングラデシュである。ひどいときには、国土の三分の二が水につかってしまうのだ。バスが発車すると間もなく、雨が降り始めた。その雨は激しく、重たそうだった。列車のなかでほとんど眠れなかった僕は、バスのなかでうとうとしてしまった。ハッと目が覚めて外を見ると、バスは水の中を走っていた。

「？」

僕は一瞬、船に乗っているのではないかと錯覚したが、車内は紛れもなくバスなのである。川の水が氾濫し、あたりを湖のように変えてしまっていたのだ。バスの隣には、激しい雨のなかで必死に櫓《ろ》をこぐ漁師の姿が見渡せた。

「これはこれで、オツな風景だな」

などとひとり考えていたが、ふと我に返り、このバスがどこを走っているのかを考えて怖くなってきた。これはバスなのである。水の上を走る船ではなく、道の上を走る乗り物なのである。バングラデシュは何回も訪ねているから、この国の道の構造は知っていた。雨季の増水に備え、まわりの水田より道路だけ二〜三メートル高くなっているのだ。いってみれば、土手の上に道がつくられ、そこをバスが走るのである。僕は今までの旅で、この土手から落ちてしまったバスを何台も目撃しているのだ。もしこのなかで、そういうことがおきたらどういうことになるのだろうか。バスは水中にズブズブ沈んでいってしまうはずである。はたして運転手は、この湖と化してしまった一帯のなかで、道がわかるのだろうか。まあ、道がわかるからバスは前に波を立てながら進んでいるのだろうが、乗っている身としては気が気ではないのだ。

そんな区間が三十分も続いただろうか。ようやくバスは陸の上を走るようになり、バスの運転手はホッとしたのか、ひとつの村でバスを停めた。

『アジアの田舎町』

第4章 ほっこり編

旅先で出会う人の温かさ、ホッとする時間、忘れられない光景。笑っちゃう出来事、小躍りしたくなるほどうれしいこともある。そんなものが、見知らぬ土地に僕の足を向かわせる理由なのかもしれない。

ヒツジ飼いになった僕

'81 パキスタン、ギルギット

ギルギットの街で、僕は毎日、山道を歩いて暮らしていた。八千メートル級の山塊《さんかい》に囲まれた盆地にあるこの街は、少し歩くだけで、ラカポシとかデュランといった高山を眺めることができたからだ。その帰り道で、ふたりの兄弟と出会った。十歳前後のその兄弟は、ヒツジ飼いの仕事をしていた。彼らの家はギルギットの市街地にあったようだが、毎朝、三十頭ほどのヒツジを連れて山に入り、日が西に傾きかけると薪《たきぎ》を拾いながらヒツジとともに家に帰る毎日を繰り返していたのである。僕が彼らに初めて会ったのは、彼らが家に帰る途中だった。ヒツジたちはトボトボと道を歩いていたが、実にしばしば草を食べるために道をそれてしまう。それを、口で、

「シュッ、シュッ」

という音をたてて、もとの道に戻しながら家路を急いでいた。それは僕にもできそうな仕事にみえ、いつの間にか、ヒツジに囲まれてしまった僕は、彼らと同じように、

「シュッ、シュッ」

という音を発してヒツジを追った。少年はそれが面白かったのか、優しそうな笑顔をつくった。言葉はまったく通じなかったが、兄弟は得意気に、さらに大きく、シュ、シュと声をたて、ヒツジの背中をたたいてみせた。僕にそうするのだと、教えてくれているようだった。

翌朝、僕はドアをノックする音で目が覚めた。僕が泊まっていたマウンテンロッジという宿は、それぞれの部屋が離れのようなつくりになっていた。僕がなんだろうかとドアを開けると、部屋の前はヒツジで埋まっていた。

「ん?」

そのむこうに、灰色の色褪せた服を着た兄弟が立っていた。僕と目が合うと、彼らは笑みをつくった。

「おい、おい。そういうわけじゃなかったんだけどな」

と思ったが、そう伝えることもできなかった。

「まいったな」

と呟《つぶや》いたが、かといって、僕に今日の予定などあるわけがなかった。僕は慌てて服を着替え、ヒツジのなかに入っていった。そしてヒツジといっしょに山への道を歩いたのだった。少年たちはそれぞれ、布袋を持っていて、そのなかに昼食用のパンがひとつずつ入っていた。少年たちは草の多い山肌に腰を降ろすと、そのパンを半分にちぎって僕にくれた。塩味を効かしただけのそのパンは、粉の匂いのする素朴な味だった。ヒツジたちは、そのへんに散らばって草を食《は》んでいた。こうしてここで三、四時間をすごし、太陽の高さを見計らって山を下るのだ。ヒツジ飼いの仕事などトロいものだった。十歳ほどの少年でもできる仕事だった。

目の前には、標高七千七百八十六メートルというラカポシの山が見渡せた。白い頂《いただき》が太陽に輝いていた。この頂が見えるのは久しぶりだった。ヒツジに囲まれ、山の斜面の石に腰かけながら、いったい僕はなにをしてるんだろう、と思った。今も東京の大手町のオフィスでは、めまぐるしい仕事とめんどくさい人間関係のなかでかつての同僚たちは机に向かっているのだろう。難民を取材に行ってくるなどと口走り、一時は自分でもその気になっていたというのに、いつの間にかそんな口実も消えて、こうして今、僕はヒツジを追って山に入っているのだ。たぶん明日の朝も、少年たちは僕を迎えにくるのに違いない。僕は困ったな、と呟きながらも、また、シュッ、シュッと声をだしながら、この山までやってくる気がしていた。

『アジアの風に身をまかせ』

カンボジアでだるまさんが転んだ

'01　カンボジア、国境付近

気がつくと、男たちが数人、僕を遠巻きに囲むように立っていた。ひとりと目が合った。彼は周りの男たちに目配せを送り、意を決したように口を開いた。

「プノンペン？」

僕が、そうだ、と頷《うなず》くと、全員がほっとしたような優しい笑みをつくったのだが、話はそれだけで、全員がただ黙っているだけだった。そして僕が歩きはじめると、彼らも僕の後ろからついてくるのだった。ついいらついて、

「おまえら、いったいなにが目的なの？」

といってしまいそうになるのだが、僕が振り返ると、まるで「だるまさんが転んだ」のように彼らの足も止まり、またとろけるような笑みをつくるのである。なんだか人気の男の子を遠巻きに眺める女子中学生の集団のようで憎めないのだが、ベトナムのテンションに慣れた身には、その気が抜けたような空気はやはり気になるのだった。

おおよその察しはついていた。彼らはプノンペンまでの相乗りタクシーの運転手に違いなかった。要するに客引きなのである。しかしこう大人数で僕の後をついてくるのは、こと商売を考えるととんでもなく間抜けなことだった。仮に僕が相乗りタクシーに乗ろうとしたとしても、いったい誰を選んだらいいのか悩んでしまうシチュエーションを彼

らが自らつくりだしているのだ。そのなかのひとりがとり仕切り、順番でも決めてくれた方がよほど助かるのだが、彼らのなかにはそんな知恵の働く男もいないらしく、ただ黙ってついてくるのである。

『アジア国境紀行』

なんというとろさだろうか

'16 ラオス、タラート

暑かった。内陸のせいか、日中の気温はぐんぐんあがる。市場に戻り、その近くの店をのぞくと、なかにコーヒーの屋台が置かれていた。その横にあった椅子に座り、コーヒーを頼む。しばらくすると、店の娘さんらしい女性が、椅子の前にテーブルを置いてくれた。それから二分ほどすると、テーブルの上にティッシュを置いてくれた。さらに二分ほどがたつと、奥から扇風機をもってきてくれた。コンデンスミルクがたっぷり入ったコーヒーが出てきたのはその後だった。

なんというとろさだろうか。

そんなことを呟《つぶや》きながら、右側の脳では、次もこの村にやってこようなどと考えている。ラオスの村の時間がゆっくりと流れていく。

『週末ちょっとディープなタイ旅』

'03　アメリカ、セコイア国立公園

アメリカのキャンプ場へ

めざす森はシエラ・ネバダ山脈に広がるセコイア国立公園のなかにあった。ロサンゼルス市内からフリーウエイを四時間ほど走り、山道を一時間ほど登ると、高さが八十メートルを超えるセコイアやレッドウッドに囲まれていた。

壮大な太古の森だった。樹齢三千年を超える木々が、山の頂《いただき》を覆うように繁っていた。一本の木の重さが千トンを超える巨木である。僕らはそのなかで気まぐれにロッジポールというキャンプ場に入ったのだが、そこも周りはレッドウッドに囲まれていて、見上げるほどの高さの木々の間にテントサイトが広がっていた。

テントサイトひとつで二十ドルという値段だったが、日本のキャンプ場に比べると格段に広いスペースが用意されていた。車を停めるスペースの横に、テントサイト、その隣にはテーブルと焚《た》き火の炉がつくられている。隣のテントサイトとの間はかなりの距離が保たれ、ときには巨木の林になっていた。こういうレイアウトなら、一つひとつのテントサイトが完全に孤立した感じになる。やはり日本のキャンプ場とはなにかが違っ

ていた。

それを知らされたのはその日の夜だった。スーパーで買ったワインを飲みながら、僕らはキャンプ場のなかのスーパーで売っている薪《まき》を燃やしていたのだが、あたりからまったく音というものが聞こえてこないのだ。その日は週末で、僕らがテントを組み立てている間にも、何台もの車やバイクが現れ、近くのサイトにテントを張っていくのが見えた。ところが夜になっても森はしんと静けさを保ったままだったのだ。

不思議に思い、懐中電灯を頼りにキャンプ場のなかを歩いてみた。それぞれのテントの脇では薪が燃え、その横には人影が見えるのだが、誰も話し声ひとつたてず、ただ焚き火を眺めているだけなのだった。

彼らの食事も実に簡単だった。夕方、周囲のテントサイトの食事風景を眺めていると、僕らとまったく同じだったのだ。どこかのスーパーで買ったパンにハムや野菜を挟んでそそくさと夕食をすませてしまう。そして焚き火を囲んで、ただ火を眺めているだけなのだ。そして夜も十時頃になると、もうテントのなかに入ってしまうのである。森のなかで眠ることを愛していた。

求めるものが日本人とは違うようだった。日本のキャンプといえば、仲間が集まって、焼きそばやらちゃんちゃん焼き……を賑やかにつくり、皆、ここぞとばかりに酒を飲み続ける。そのうちに酔っぱらった奴が出てきて、なんだかいつまでも宴会が続くのである。要は場所を変えた飲み会のようなものだった。ところがアメリカ人は、キャンプ場で騒ぐことをしない。ひとりかふたり連れが圧倒的に多く、ちらほらとメキシコ人の家族がいるぐらいなのだ。

彼らは焚き火を眺めにきていた。パチパチと爆《は》ぜる薪を囲みながら、静寂に浸っている。それで満足しているようだった。寡黙な夜は西部の開拓時代に刷り込まれたスタイルなのかもしれないが、ただ明るく、酒を飲めばバカ騒ぎに突入してしまうカリフォルニアの人々の仄暗《ほのぐら》い一面を見た気がした。なんだか彼らがいとおしくも映るのである。

『週末アジアに行ってきます』

夕焼けに酔った記憶

'87　ブルネイ、バンダル・スリ・ブガワン

これまで二十年以上、アジアの空とかかわってきたが、今でも記憶に残る夕焼けがある。それはもう八年ちかくも前になるが、ブルネイのバンダル・スリ・ブガワンで見た夕焼けだった。

そのとき僕は一軒の茶屋で紅茶を飲んでいた。なにげなく、店の外を見て、僕は何回

も目を瞬いた。つい先ほどまで眺めていた街とまったく違う色の世界がひろがっていたのである。前には映画館があり、その横には何台もの車が停まっていた。映画館の前には布で頭をつつんだ若い女性やジーンズ姿の男の子が列をつくっていた。その向こうには、朝市用の竹づくりの小屋が並んでいた。そのすべてが黄色に変色していたのである。その色をなんと表現していいのかわからないのだが、セピア色よりは明るく、黄よりは赤味がかかったフィルター越しに街を眺めているような気分だった。

僕は急いで紅茶の代金を払い、外に出てみた。それは不思議な感覚だった。夕日というシャワーを浴びているような気分だった。僕の手や足も赤黄色に染まり、再び街景に目を移すと、目眩《めまい》をおこしそうだった。気を失う瞬間、人間が目にする風景もこんな色あいなのではないか、などと思ってみたりもした。

僕はうれしくなって、ただあてもなく幻想的にすら映るバンダル・スリ・ブガワンの街を歩いた。なにか地に足がつかない感覚で、しだいに気分が悪くなってきた。夕日に酔うということがあるのだろうか。見上げると、空には青空がなかった。すべてが雲で覆われ、それが赤黄色に染まっているのだった。

残念ながら、それ以来、僕はそれほどの夕焼けにお目にかかっていない。きれいな夕焼けは何回も見たが、その色あいに酔ってしまうような夕焼けには出合っていない。あれは太陽と雲の位置が何万分の一かの確率である場所にこないと生まれない夕焼けなの

『アジア漂流紀行』だと思う。

ウイグル人は列車のなかで音楽をこう聴く

'12　中国、シルクロード列車

ふたつ後ろの四人がけのボックス席に、ギターを弾き続けるウイグル人の青年がいた。すると、隣の車両から、やはりギターを手にした若者がやってくる。ひとりのおじさんと席を交換し、やや切ないメロディーのウイグルの曲が、二台のギターから流れはじめる。すると歌に自信がありそうな若者が、近づいてくる。そうこうしているうちに、そのボックスがひとつのユニットのようになってしまった。

別のボックスでは、一台の携帯電話に人が集まっていた。輪のなかに中年のおじさんがいた。彼は自分の電話番号を近くの人に伝え、電話をかけてもらう。その着信音楽を皆で聴くのだった。彼の携帯電話には、何曲も着信メロディーが入っているようで、ひとつが終わると、また設定を変え、別の曲を聴く。

携帯電話を、こんなふうに使う民族ははじめて見た。たしかにこうすれば、車内で音楽を楽しむことができる。通話料もかからない。

流れている曲はイスラム色が強いものだった。ブドウ棚の下で、着飾った女性が体をくねらせて踊る光景が浮かんでくるような曲だった。

彼らがこんなにも、音楽が好きだとは知らなかった。漢民族は車内でトランプをはじめたり、本をめくりながら、長い列車旅の時間を埋めていく。しかしウイグル人は音楽だった。彼らはそんな民族だった。

『不思議列車がアジアを走る』

昼寝スポットで横になる

'98 タイ、ナコーンパトム

僕はよく、このアジアの昼寝について書くから、今年（一九九八年）の七月、NHKの番組をつくるためにタイに行ったときも、ディレクター氏から、

「下川さんがどうやって昼寝をするのかを撮りたいんですが」

といわれた。すすんでテレビに寝顔を晒《さら》すほどのものでもないと思ったが、断る道理もないので、ナコーンパトムに行ったとき、

「アジアの昼寝はこうする」

という実演をすることになった。ナコーンパトムはバンコクからバスで一時間ほどの

街で、今やバンコクの近郊の趣《おもむき》すらあるのだが、街の中央にはプラパトムチェディーと呼ばれる巨大なパゴダがあり、パッケージツアーの客も訪れる観光地になっていた。観光客の多くは、パゴダを眺め、階段をあがって中央に安置された仏像に線香をあげて帰っていくのだが、僕はその裏手にまわってみようと、右側にあった小さな門をくぐった。おそらくそこには、昼寝に適した日陰があるような気がしたからだ。その勘はみごとにあたった。パゴダのまわりは回廊になっていて、そこには涼しげな風が吹き、なんとゴザまで敷かれていたのである。裏手にまわるまでもなく、昼寝スポットが見つかってしまったのである。この昼寝スポットをみつける技術こそ、旅のプロではないかと自画自賛したいほどのスペースだった。僕は目を輝かせて、

「こ、ここは最高です。こうやって寝るんです」

とゴロンと横になった。NHKのディレクター氏やカメラマンは、

「下川さん、いいんですか。ここで。寺での昼寝は最高だって下川さんは書いているけど、ここはパゴダのなかですよ。境内《けいだい》の木陰と違うんですよ。周りには机や椅子もある。ここは学校なんじゃないですか……」

「大丈夫。ここはタイだから」

などとわけのわからないことをいいながら、僕はすでに昼寝の体勢に入っていた。実際、そこはかなり上位にランクされる昼寝スポットだった。風は心地いいし、鳥の鳴き

声が眠気を誘った。もちろん僕は、自分が置かれている情況はわかっていた。これはいつもの旅ではなく、天下のＮＨＫの仕事なのである。全国にドーンと放映されてしまうのである。僕はテレビの出演には慣れていないから、それなりの緊張もあるのだ。しかし自分でこう書くのも恥ずかしいのだが、僕はほとんど寝かかってしまったのである。いや、正直にいおう。僕は寝てしまったのである。

ふと目が覚めると、近くの日陰で休んでいるディレクター氏やカメラマンが見えた。目が点になっていた。その瞳は、

「僕らは下川さんが寺で横になって休んでいるところを撮りたかったんですよ。バックパッカーの技の実演として。別に寝てくれって頼んだわけじゃないんです。どうやって寝るか、というところを撮りたかったんです。撮影の時間だって、たかだか十分や十五分でしょ。その間に本当に寝ちゃう人がいますか」

といっているようにも思えた。だが、あの場所は、あまりにみごとな昼寝スポットだったのだ。だからつい……。不覚だった。はたして放映された番組では、僕の昼寝シーンはカットされていた。

『アジアの友人』

市内バスに外国人が乗ると……

'13　ベトナム、ホーチミンシティのバス

運転席脇の運賃箱に五千ドン札を入れた。運転手がボタンを押した。すると運賃箱の横から、するすると感熱紙に印刷された切符が出てきた。これは新式のバスのようだった。

車内はそこそこの混み具合だった。空席もいくつかある。それを目にしてしまうと、五十九歳の体が動いてしまうのである。座席をめざして足早に移動する日本のおばさんのように、ベトナム人の間をすりすりと抜け、席に座った。と、思わぬことがおきた。僕の後を追って乗り込んだ阿部カメラマンとS君〔現地で会った二十代前半の日本人バックパッカー〕を目撃した三人ほどのベトナム人青年がすっくと席を立ったのである。どういうことなのだろうか。ホーチミンシティの市内バスには、外国人旅行者には席を譲るという不文律でもあるのだろうか。阿部カメラマンは四十代だから、意外にあっさりと厚意を受け入れる。しかし困っていたのはS君だった。生まれてからこの方、バスで座席を譲られたことなどないはずだった。いや、日本のバスでは僕もその経験がない。

心が軽くなる。おそらく、外国人に席を譲るなどというルールはないはずだ。彼らが気を遣ってくれたのだ。ホーチミンシティの道を歩いていても、タクシーに乗っても、

こういう関係は生まれない。市内バスという乗り物は、ホーチミンっ子と外国人の溝を一気に縮めてくれる。

『週末ベトナムでちょっと一服』

路上の食器

'88　マレーシア、ペナン島

かつてマレーシアのペナン島の安宿に泊まっていたとき、食堂の洗い物が裏の通路の台の上に積みあげてあった。周りに水道もなく、どうしてこんなところに……と訝《いぶか》っていたが、それから二、三時間後、激しいスコールに襲われると、三階の樋《とい》からかなりの勢いで皿めがけて雨水が流れ落ちてきたのである。おそらく樋が壊れ、そこから水が落ちてきてしまったのだろうが、アジア人という人たちは、雨樋を修理するより先に、その下に洗い物を置いてしまう民族なのである。

『沖縄にとろける』

手前勝手に広がるバイクタクシーの役割

'87 タイ、バンコク

一九八七年に暮らした僕の下宿は、ソイ〔路地〕の入口から歩いて数分のところにあった。そこで日々をすごしていると、バイクタクシーというのは実に便利なものであることがよくわかった。タイ人というのは、交通機関を手前勝手に応用していくことにたけた民族だから、バイクタクシーを便利屋に成長させてしまったのである。たとえばそれは買い物である。家で料理をしていた奥さんが、タイの魚醤であるナームプラーが足りないことに気づく。今までなら自分で買いにいかなければいけないところなのだが、客を送ってソイの入口であるパークソイに戻ろうとするバイクタクシーの運転手を呼びとめ、

「パークソイでナームプラーを一壜買ってきてよ」

と声をかける。奥さんは醬油を受けとったとき、その代金に二バーツを加えればいいだけである。ときに彼らが大通りであるタノンを走り、市場での買い物を頼まれることもある。運賃は市場までの距離によってアバウトに決まる。彼らは頼まれるのは食料品だけではない。修理にだした靴を受けとりにいったり、プリントができあがった写真もとりにいく。彼らはソイのなかの宅配便へと進化していくのだ。

バイクタクシーはソイのなかでさらに進化していく。家々の召使的要素も加わってい

くのだ。下宿の主人の車が修理にでていたときのことである。主人は外出するとき、その辺を走るバイクタクシーの若者に、

「タクシーを呼んできてくれ」

と頼んだのである。バンコクのタクシーの台数は多く、拾うのにそれほど苦労はしないが、基本的に表通りであるタノンしか流していない。もしタクシーに乗ろうとするなら、表通りまで出なくてはならない。そこでバイクタクシーに、タノンを走っているタクシーを止めて、ここに客が待っている、と伝えてくれるように頼み、二バーツを払うのである。するとものの五分もしないうちに、家の前にタクシーがやってくるのだ。それを下宿の一階でボーッと見ていた僕は、

「こ、これはスゴい！」

と思わず唸《うな》ってしまったものである。


『新・バンコク探検』

なぜか絵描きになってしまった

’81　インド、コルカタ

インドのカルカッタ〔現コルカタ〕で僕は絵描きをしていた。などというと、放浪の

画家のようなイメージを抱くかもしれないが……。

　そのとき、僕は市内のアメリカンエキスプレスで両替をした。そのなかの五十ルピー札が使えなかったのである。というのも、その紙幣は二枚に切れ、裏をテープでつないであったのである。僕はしかたなく、カルカッタのリザーブバンクに出向き、新しい紙幣に交換してもらおうとした。最初に通された部屋で、必要事項に書きこむと、職員はこういった。

「再発行するには、この紙幣の鑑定が必要です。しばらく時間がかかりますが」

「いいですよ。それでどのくらい？」

「三年ほど」

「三年⁈」

　僕はとてつもなく暇な旅行者だったが三年というのはいくらなんでも無理である。そういうと、職員は一応理解してくれて、銀行内の各部署を自分で回れば早く再発行できる、と説明してくれた。僕は書類と紙幣を持って、次の部署に行こうとすると、その職員がこういった。

「絵を描いてくれないか」

「ん？」

「おまえは絵描きだろ」

と、先程書いた書類を指さした。そこに僕は『フリーランスライター』と書いてしまったのだ。どうもライターを絵描きと誤解したようだった。職員の機嫌を損ねるのもまずいと思い、僕はその場で、彼の似顔絵を描くことになってしまった。描き終わると、職員は、

「うまいじゃないか」

と満足げに微笑み、紅茶をごちそうしてくれたのだ。断っておくが、僕は人に絵を描いてあげたことなど一回もない。高校まで美術の授業をしかたなく受けていた人間である。

銀行内のセクション回りが始まった。ところが頭の痛いことに、行く先々に僕が似顔絵を描くという話が伝わっていて、職員は紅茶とクッキー、そして紙を一枚用意して僕を待ち構えていたのである。一日目は五つの部署を回って、銀行の営業時間は終了した。二日目は七つの部署を回ったが、まだ手続きは終わらなかった。なにしろ、それぞれの部屋で似顔絵を描かなくてはならないため、やたら時間がかかるのである。

新しい紙幣を受け取ったのは三日目の午後だった。その間に二十枚近い絵を描き、二十杯近い紅茶を飲まされた。当時の五十ルピーは日本円で六百円ほどだった。

メコン川沿いの町には音がない

'03　ラオス、ルアンパバン

ルアンパバンはメコン川に沿った静かな町だった。いい町であることは直感でわかった。

僕らが泊まった宿は市場の脇に建っていた。市場には、野菜や魚に混じって食用の昆虫やシカの肉なども並んでいた。海のないラオスの暮らしが伝わってくる。僕らは一日に何回となくその市場の前を通ったのだが、不思議なことに気づいた。道に並ぶ露店から声が聞こえてこないのだ。客がいないというわけではない。朝と夕は歩くのも大変なぐらいの人出だというのに、声というものがほとんど耳に届かないのだ。

こういう市場は、どこの国でも威勢がいいものである。店のおじさんやおばさんは、「安いよ、安いよ」とか「獲れたての魚。うまいよ」などと声をあげるものなのだが、ルアンパバンの商人たちは客の呼び込みひとつせず、ただ店の奥で座っているだけなのだ。客も値切ることをしないらしく、商売は物音ひとつたてずに進んでいるのだ。

「なんだかこの市場、テンションが低いんだよね」

「客と店がやりあうようなシーンがまったくないんだ」

僕らは首を捻《ひね》っていた。ルアンパバンの人々は、なにか声を出すことをはばかるようなところがあった。僕のなかではそのイメージは、褐色の水を湛《たた》えて滔々《とうとう》と流れ下るメコン川とダブってしまった。メコン川はこのあたりですでに大河の趣《おもむき》を備え、水流はかなり速いというのに、音ひとつしないどころか、周囲の音を吸い込んでいるような気さえしたのだった。

日本からバンコク、ビエンチャンを経由してルアンパバンまでやってきた。バンコクはとんでもなく騒々しい街である。かつては静かだったビエンチャンも最近、車が増え、タイの街のようになりつつある。しかし頼りない飛行機になんとか乗ってルアンパバンまでやってくると音が消えた。はじめは首を捻り、戸惑ってもいた。僕のなかのアジアのイメージは、エネルギーがほとばしるような喧騒だったのかもしれない。しかし一日をこの町ですごすと、その心地よさが染みてくる。町のなかに刺《とげ》がない。突き刺さるようなものが見あたらないのだ。

アジアの休日を味わうのならこんな町なのだろう。

『週末アジアに行ってきます』

列車が高度をあげると出現するバー

'17　中国、広州からラサへ向かう列車

列車は急激に高度をあげていった。耳がつんつんと痛い。暗い窓の外に目を凝らす。すでに日は落ち、列車からの灯りに映し出される川は凍りついていた。氷の世界に入っていた。

左手から月がのぼりはじめていた。満月だった。その光が山に遮られた瞬間だった。車窓に満天の星が広がったのだ。中国の下界を覆う雲を抜けたようだった。乾燥し、凍《い》てついた世界には天上の星が輝いていた。

星はくっきりと明るい光を放っている。オリオン座、おおいぬ座、こいぬ座を結ぶ冬の大三角がはっきりわかる。小学生の頃、机の本棚に差し込まれていた星座表を脳裡《のうり》に描いてみる。……とすれば、あれがシリウスで、あれが北極星。

僕らはビニール袋から白酒《パイチュウ》をとりだした。それを湯で割って飲むことにした。四十度以上ある強い酒だ。ストレートはちょっときつい。つまみはザーサイ。

夜行寝台は最高のバーだと思っている。ニューヨークやロンドンの名だたるバーも足許に及ばないと思う。バーテンダーの姿もなく、きりっと硬い氷があるわけではないが、動く車窓風景を眺めながらの酒は贅沢だと思う。軽快なジャズの響きより、車輪の音のほうが心地いい。

できれば下段のベッドがいい。見渡す車窓風景が大きいからだ。酔ってきたら、ベッドにごろりと寝てしまえばいい。夜行寝台列車だから終電を気にする必要はない。これまでもいくつかの夜行寝台バーで酒を飲んできた。しかしそのなかで、ゴルムドに向かうこの列車ほどの星空を目にしたことはなかった。僕らはこの夜行寝台を「星空列車バー」と名づけることにした。

『鉄路2万7千キロ　世界の「超」長距離列車を乗りつぶす』

ガイドブックであまり紹介されない乗り物

'16　タイ、バンコク

バイクタクシーというのは、バイクの後部座席に客が乗る……という、シンプルな交通機関だ。運賃メーターはついていない。運賃は交渉制である。しかし慣れてくると、そう難しくはない。基本的に十バーツ単位。バイクタクシーは本来、そう遠くへは行かない。最寄り駅までとか、駅やバス停からショッピングモールやオフィスビルまでという客が多い。だいたいの運賃が決まっている。

バンコク、いやタイという国の交通機関はアジアの風に支配されている。金を受けとって客を乗せるわけだから、そこには責任が生まれる。それが日本、いや、世界の多くの国の発想だった。しかしアジアはそのあたりが曖昧だ。グレーゾーンのなかで、自然発生的に乗り物が生まれてしまう。そこには政府の認可など介在しない。後で紹介するロットゥーという乗り合いバンも同様だった。そしていつの間にか、公の交通機関のような顔をして、堂々と走っている。自由といえば自由だが、杜撰《ずさん》な話だった。

日本のガイドブックが掲載を迷うバイクタクシーだが、バンコク市内では完全に市民権を得ている。正直にいうと、僕はバンコクの移動の足といったらバイクタクシーになってしまった。はじめは敬遠していたが、タイ人とつきあうと乗らざるをえなくなってしまう。一度、その便利さを味わってしまうと、もう抜けられず、タクシーはほとんど使わない日々に陥ってしまった。電車やバスを使うことはあるが、乗る回数はバイクタクシーのほうが多い。目的地が遠いとか、荷物が多い場合、タクシーに乗ることもあるが、道の混み具合が気にかかる。すいていれば十分の距離が、渋滞にはまると一時間、ときに二時間もかかってしまうのがバンコクという街である。同様にバスも到着までの時間が読みにくい。

タイ人の大半、そしてバンコク在住日本人の一部は、バイクタクシー派のような気がする。バイクタクシーの運賃はタクシーと大差はないから、郊外から市街のオフィスに通う足は安いバスや電車にしているだろうが、駅やバス停への足、バンコク市街地の移動はバイクタクシーになびいてしまうはずだ。

あまり紹介されていない交通機関に、その街に住む人の多くが依存しているという街は世界にそう多くない。日本を案内するガイドブックには、電車、バス、タクシーが紹介されている。街によってはレンタサイクルもあるだろうか。しかしバンコクは違う。電車やバス、タクシーが表の世界としたら、バンコクはバイクタクシーという裏乗り物が支配する街である。

『週末ちょっとディープなタイ旅』

僕が貧乏旅行をはじめたきっかけ

'73　タイ、チェンラーイ

僕はそのとき、チェンラーイに一週間ほど滞在した。ビルマ〔現ミャンマー〕との国境のメーサイまでは行ってみたが、それ以外はチェンラーイの街でブラブラしていたといってもいい。ゴールデントライアングルの闇の部分など、ポツンとやってきた日本人の学生にみせてくれるはずもなく、僕はただ、チェンラーイの街を歩きまわっているだけだった。オーストラリア人の青年と会ったのは、そんな一日の朝だった。市場の近くで、彼をみかけ、僕がよく食事をしていた店に行くと、彼はビールを飲んでいた。

「ビールは一日一本って決めているんだ」

　彼のほうから声をかけてきた。

　当時のチェンラーイは、外国人観光客が遊びにくるようなところではなかった。今でこそ、北部のトレッキングやビルマ、ラオス国境観光の基地になっているが、その頃は観光客などまったくいない街だった。そんな街にいるふたりの外国人は、互いに引きあうものがあったのかもしれない。しかし、そのオーストラリア人は、ただ気軽な貧乏旅行者だった。

「ここへ来る前、ノーンカーイへ行ったんだ。列車を降りたとたん、兵隊がズラーと並んでてね。いや、あれには驚いた。なんでもラオス軍との間で、発砲事件があったらしいんだ。その日の朝に着いてしまったもんだから」

　と、彼は笑った。彼はチェンラーイという街がどんな役割を果たしているのかも知らなかった。ゴールデントライアングルやアヘンの話にも目を白黒させていた。僕にしても、日本で何冊かの本を読んだ程度の知識だったが、少なくとも、旅の目的地がなければ旅行ができない旅行者だった。しかし、彼は違った。楽しく旅ができればそれでよかったのだ。

「母親がイタリア人なんだ。オーストラリアで土木作業員をやってためた金で、イタリアへ行ったのが旅の始まり。イタリアから中東を通ってインドを横切ってオーストラリアに帰った。それからは旅のために仕事をしてるようなもんさ。オーストラリアで、真面目に一年働けば、アジアでは三年、暮らせるからな。ザックを背負って、とびきり安い宿を探して、そう一日五ドルに決めてるんだよ」

彼は日本にも一回行っていた。あまりの物価の高さにおののいて、一週間ほどで退散したというが、その間に、ひとつだけ日本語を覚えた。それは、

「ロードーシャ」

だった。

「だって、俺はオーストラリアのロードーシャだろ」

僕らは店を出て少し歩いた。彼はオーストラリア人だというのに、僕より背が低く、ひょこひょこと歩いた。面白い奴だと思った。しかし彼の前で、僕がチェンラーイホテルにはとても泊まれず、街一番の高級ホテルにいることは話せなかった。おそらく彼は、チェンラーイホテルよりもずっと安い宿に泊まっているのだ。

「こういう旅があるのか」

と思った。日本で真面目に働けば、彼と同じように三年間はアジアで暮らせるかもしれなかった。僕は大学の三年生で、普通に卒業をし、どこかの会社に勤めていくのだろうというおぼろげな予感のなかで生きていた。将来のあてなどなにもないけれど、確かに彼のような生き方はあると思った。

彼とは街角で別れ、もう二度と会うことはなかった。

『アジアの田舎町』

列車が手動ポイントにさしかかると……

'16　ミャンマー、カタ南からナバへ向かう列車

走るのか……と首を傾《かし》げるほどのボロボロ列車だった。客車が二両。それと使い古した機関車。頼りなかった。

ナバまでの路線は山越えだった。樹木が線路を覆い、列車はそれをかき分けるように進む。ドアのない乗降口からは、数十本の枝がドサッと入り込み、それが押しのけられていく。登山で密集した草木の間をかき分けて登ることを籔漕《やぶこ》ぎというが、その列車版、籔漕ぎ列車だった。駅はほとんどが無人だった。

一時間半ほど走ると、ようやく景色が開けてきた。すると、左側にひとつの線路が見えてきた。支線の支線のような線路がまだあるのか。見なかったことにしたかった。まさかここも列車が走っていることはないだろう。

すると、列車は停車してしまった。駅もない。前方を見ると、機関車から男がひとり降り、線路をしばらく歩いていった。その先にポイントが見えた。

「そういうことか……」

男は手動でポイントを切り替えると、手にした緑色の旗を振った。列車は徐行運転で進んでいく。そしてポイントを列車が通過したことを確認すると、ポイントを戻し、急ぎ足で列車を追いかけ、ひょいと機関車に飛び乗ってしまった。ローカル線はこうして進んでいくようだった。運転手たちは、自分たちでポイントを切り替えて先に進むのだ。自分たちでなんでもする——。

ローカル線の運転手たちは健気だった。

『東南アジア全鉄道制覇の旅——タイ・ミャンマー迷走編』

タクシードライバーたちに囲まれて

'10 バングラデシュ、チッタゴン

バングラデシュの空港はどこもそうなのだが、空港の出口になんの目的でそこにいるのかわからない男たちがぞろぞろいる。ダッカの空港はいつも千人以上の男がいると思うが、チッタゴンはそれほど多くない。四、五百人といったところだろうか。飛行機を降りた客は、この男たちに囲まれることになる。ましてや僕らはコックスバザールまで

四、五時間、タクシーに乗るつもりだった。狼の群れのなかに入っていく羊のようなものである。

空港を出たところで、「コックスバザール」と口にした。距離から考えてＣＮＧという三輪タクシーは難しい。一般車になるのだが、チッタゴンには正式なタクシーがない。いってみればすべてが白タクである。

僕らの周りに、三、四十人の男たちが集まってきた。全員がタクシードライバーなのかどうかがわからない。そしてコックスバザールまでの運賃相場もわからなかった。しかし長い距離だから、かなりの収入になる。彼らは興奮ぎみだった。

すると彼ら同士で運賃を口にするようになった。ベンガル語だからわからない。あっけにとられたように眺めていると、ひとりが僕に向かって英語を口にした。

「一万タカ」

タカはバングラデシュの通貨である。いまは一タカが一・三五円ほどだが、当時は約一円だった。一万タカは一万円になってしまう。僕は首を横に振った。そして、「ドル」と伝えた。両替はコックスバザールでするつもりだった。手元にはアメリカドルしかない。再び運転手たちの口論のような声に包まれた。

インドやパキスタンで、しばしばこういう場に遭遇した。客をそっちのけで、運賃の話がはじまるのだ。

こういうときは、どんと構えることだった。その輪に加わらず、平静を装いつつ黙っているのだ。動揺してはいけない。僕は少し離れ、そこにあった植え込みの脇に腰をおろした。相変わらず、彼らはいい合っている。どうも値段がさがりはじめている気配だった。放っておけば、しだいに運賃がさがっていく。なんという男たちかと思ったが、輪に加わっても疲れるだけだ。ひとりが、僕に向かって、「百ドル」と英語でいった。一万タカより高くなっている。僕は再び首を横に振った。

三十分ほど彼らはもめていただろうか。七十ドルまでさがったところで手を打った。うろたえずにただ黙っている。それがコツのように思う。へたに表情を変えたりすると、値段を吊りあげてしまう。ただし提示された運賃は理解している顔をする。しかし高いとか、値切ったりはしない。表情を変えずにいる。そうすることで、「こいつはなかなか手強そうだ」という印象を与える。すると運賃をさげる男が出てくる。それにつられるように、別の男が値をさげる……。ただ黙っていればいいのだ。

『旅がグンと楽になる7つの極意』

登園を拒んだ娘はパジャマ姿で……

’91　タイ、バンコク

娘たちはバンコクの幼稚園が初めての集団生活だった。当然、はじめの頃は登園拒否をおこす。はじめの二週間ほどは僕らが送っていったが、その後はお手伝いさんが連れていくようになった。僕らも学校へ通わなくてはならなかったからだ。そんなある日の午後、幼稚園に迎えに行くと、長女の鞄のなかにパジャマが入っている。タイの幼稚園は昼寝の後、水浴びをし、着換えをする。つまり、鞄のなかにパジャマがあるということは……。

長女に聞いてみた。すると、

「今日はパジャマで行ったんだよ」

という。お手伝いさんに聞いて、ことの真相がわかってきた。

その朝、長女は機嫌が悪かったらしい。そして、幼稚園に行くのをイヤがり、パジャマを着替えるのを拒んだ。三歳の長女は、彼女なりに考えたのだ。

「パジャマのままでいたら、幼稚園に連れていかれることもない……」

しかしタイでは甘かった。お手伝いさんは長女をパジャマのまま、連れていってしまったのである。お手伝いさんが厳しいのではない。彼女はコトのなりゆきを話した後で、こういった。

「どうってことないですよ。私だってときどきパジャマで送っていきますから」

「……」

かくして長女は昼寝が終わるまでずっとベージュ色のパジャマですごしたのだ。それについて、先生も気にとめていないようだった。後日、僕の学校が休みの日、娘を幼稚園に連れていくと、はたして園児のなかにパジャマ姿の子がいた。パジャマで通園しても大丈夫なのだ。考えてみれば、娘を幼稚園に入れる前、制服について聞いたとき、園長先生は、

「どうでもいいですよ」

といった。この幼稚園には一応、赤いスカートか半ズボン、白いシャツの制服はあるのだが、それにこだわっている風でもなかった。しかしパジャマでもよかったとは。

『バンコクに惑う』

線路上に市場がある
'03 タイ、マハチャイからメークロンへ向かう列車

列車はゆっくりと進みはじめた。

終点のメークロンまでは一時間二十分ほどだった。細々とした単線の列車旅も最後にさしかかったとき、僕はとんでもない世界に放り込まれることになる。列車がメークロン駅に近づき、徐行運転に入ったとき、列車の前方に続く線路の間に籠に入った野菜が無造作に置かれていたのである。

「あぁぁッ」

僕は一瞬、短い声をあげた。進む列車の腹が籠を引っかけてしまうような気がしたのだ。しかし列車は、そんな音ひとつたてずに静かに進んでいる。どうも車体の高さを計算して籠を置いているようだった。

「ひょっとして……」

僕は慌てて車窓に目を移した。窓ぎりぎりのところを巻かれたテント地のパラソルが通過していく。窓に近づいてみた。そこには車体すれすれに立つ人が何人もいて、皆、手でパラソルを支えながら、迷惑そうな視線で僕の乗る列車を見やっているのだった。

僕は急いで後ろの車両に移った。最後尾から線路を見下ろすと、いましがた列車が通過した線路の上には次々にパラソルが開き、男や女が野菜や魚を並べはじめている。奥のほうはもう線路が見えなかった。どうも僕が乗った列車は、市場の真んなかを突っ切ったようだった。列車の警笛はメークロン市場のなかに線路を浮かび上がらせる「開けゴマ」の呪文のようだった。

いや、そういうことではないのだ。線路は市場よりも先に敷かれたはずである。ところが一日四往復という運行の少なさに目をつけて、市場は線路を覆ってしまったということになる。線路の上の店は一日八回、日除けのパラソルをたたんで、売り物を横に寄せて列車を通せば商売を続けることができた。しかし、タイの列車の寛容さにつけ込んで店を開くことができるというのに、さも、昔から露店を出していたような顔つきで、迷惑げに列車を見上げるタイ人というのはいったいどういう民族なのだろうか。

僕は列車を降り、線路の枕木の上を歩いてみた。すでにぎっしりと魚や野菜が並び、タイの市場らしいむせ返る匂いがあたりに漂っていた。そのなかでは線路を見つけるのも難しい。しかし目を凝《こ》らすと、線路とは直角に細い鉄のレールがつくられている。彼らは列車が通過するときに、売り物の荷物を動かしやすいように、自分たちでレールまでつくってしまっていたのである。

「……まったく、もう」

そう呟《つぶや》きながら、体が軽くなるのがわかる。線路のなかには一歩も入ることができない国に生まれたストレスが、タイという国で霧散していく。『週末アジアに行ってきます』

朝五時に赤道直下の森に入る

’96　インドネシア、スラウェシ島のタンココの森

その朝も全員、午前三時に起こされた。タンココの森にはタルシウスという体長三十センチほどの珍しい猿がいて、これを見るためにはこのぐらいの時間に起きないといけないそうである。この猿は夜行性で、朝方、巣に戻ってくるというのである。怠惰なひとり旅なら、とてもこんな時刻に起きることができないだろうと、用意された車に乗り込んだ。森の入口にさしかかったのは朝の五時ぐらいだったろうか。タルシウスではないが、野生のサルがいるというので車を降りたとたん、僕の体に突然、森の精気がすべり込んできて、まだ眠さの残る脳にまで響いた。こんな体験は、はじめてだった。

森が匂いを放っているのである。

その匂いは、僕がこれまで何回も足を踏み込んだ亜熱帯のものとは違っていた。甘さの要素がどこにもない。清涼で高貴な香りは凛《りん》としていて、どこか近より難い森の深さが伝わってくる。この匂いには記憶があった。いろいろな匂いの記憶を思いだしてみる。白檀《びゃくだん》の匂いにも似ている。丁子《ちょうじ》の匂いかとも思った。この島は昔も今も、丁子の産地として知られ、島のあちこちにその畑があった。どこか歯医者を思わせるその匂いは丁子の実が乾燥してから発せられるもので、木の枝になっているときは、こんな高貴な匂いを発するのかとも思った。

この島にはその他にもいくつかの香料の木々が自生していた。道端にはシナモンの木が何本も生えている。外観はどこにでもある南国の樹木なのだが、その幹の皮をはぎ、乾燥させるとあのシナモンになるのだという。同じようにバニラも自生していた。これは木というよりつる状の植物で、他の木に絡まるようにして育ち、サヤエンドウのような実をつけた。生の実はただ青臭《あおくさ》いだけで、バニラの芳香を想像することもできないが、これを三ヵ月ほど乾燥させると実は黒ずみ、バニラの匂いを放つのだという。おそらく、僕の鼻には青臭さとしか感知できない臭《にお》いの奥に、バニラの香りが潜んでいるのかもしれなかった。

しかし僕の鼻腔《びこう》に響くその匂いは、どの香料の匂いとも違っていた。その匂いをどう表現したらいいのか、僕はもどかしささえ覚えるのだが、あえていえば人間の精液の匂いのなかから生臭さを抜いたようなものといったらいいのかもしれない。

赤道直下の強烈な太陽の光と、気まぐれに森を襲う驟雨《しゅうう》のなかで森は生き続ける。昼の間に森に与えられるエネルギーはあまりにも豊潤で、木々は夜の間に自らの精をまるで子どもを生むように放出しながらバランスを保っているのかもしれなかった。

この匂いは神々しくもあった。タンココの森は広さが三千ヘクタールを超え、その中心にはドゥアスダラ山がそびえている。そのまわりに樹海のようにひろがる森が放つ匂いは、生臭くてやわな人間たちが入り込むことを拒んでいるかのようだった。

『アジアの旅人』

’88　マレーシア、メダン

「アリガトウ、アジノモト」

ペナンからスマトラ島のメダンへ飛行機（片道約六千円）で渡ると、時代は確実に十年ほど遡った。冷蔵庫はおろか、蛍光灯すらないレストラン。人の足はいまだ自転車力車である。空港を出ると彼らがしつこくまつわりつく。

「アリガトウ、アジノモト」

なぜか知らないが、彼らは日本人とわかると、まずこう呼びかける。これが日本流の挨拶とでも知らされているのかもしれないが、メダンの路上で道をたずねていると、ポンと肩をたたかれ、ふり返ると、

「アリガトウ、アジノモト」

と握手を求められる。これにはまいる。また別の男は、僕らの前に立って、

「ココロノトモ」

などといってにこやかに笑う。これにもまいる。いったいなんと答えたらいいのだ。

しかし、この手の連中は相当に暇である。頼みもしないのに僕らをバスターミナルまで連れていってくれる。

『12万円で世界を歩く』

バスがモミの上を走り抜ける

'81　フィリピン

フィリピンの北部をバスで走っているとき、不思議な道路を見た。道の片側半分だけにモミが干してあるのだ。初めは車の滑り止めかと思ったものだが、たまたまバスが停まったときに手にとってみると、中身がちゃんと詰まっていた。脱穀する前のモミだったのだ。

国道にモミを干すことは、理にかなったことなのかもしれない。太陽が照りつけるアスファルトの道は、モミを乾かすには効果も高いような気がするからだ。しかし、僕が首を傾《かし》げたのは、その上をバスやトラックが平気で走り抜けてしまうことだ。二車線の道路の片側一車線にモミが干してあった場合、バスはそれを避けることなしに直進してしまうのである。

僕は、この路上のモミが不思議でならなかった。

一度、僕の隣席に学生風の若者が乗り込んできたことがあった。僕は恐る恐るこのモミについてたずねてみた。彼はなんの不思議も抱かない様子で、

「スレッシング」

といった。僕はそのとき、スレッシングの意味がわからなかった。すると彼は、モミの殻を取るのだと説明してくれた。

脱穀だった。僕が今乗っているバスが、脱穀機だったのである。目からウロコが落ちる思いだった。

『アジア赤貧旅行』

「遊ぶのは　楽しすぎて　たまらない」

'12　沖縄、多良間島

しばらく歩くと、あちこちに看板のように立てられた標語が目にとまった。島の小学生たちの作品だった。村役場脇の看板にはこう書かれていた。

〈なわとびしてたら　あせをかーて　ぴょんぴょんはねたよ〉

だからなんなの？　といった内容だが、子どもらしさは伝わってくる。しかし、しばらく歩き、幅の広い舗装路脇の看板には、天を仰いだ。

〈遊ぶのは　楽しすぎて　たまらない〉
普通、こういう場所に立つ看板には、
〈スピードのだしすぎに注意しよう〉
といった文字が躍るはずだった。少なくとも本土ではそうなのだ。遊びが楽しすぎてたまらない、という内容には、地域の良識派からクレームが入るかもしれなかった。しかし島では、なんの問題もなく、穏やかな風が、標語の周囲を静かに吹いているだけなのだ。

『週末アジアでちょっと幸せ』

バンコクの僕の宿にやってくる人々

タイ、バンコク

はじめて泊まったとき、マイハウスホテルはすでに古かった。ベトナム戦争時代に建てられたとしたら、二、三十年はたっていたことになる。

タイ人たちのホテル……。このホテルでその流儀を習っていったように思う。たとえば部屋には定員がなかった。部屋貸しという発想である。ソイ・アーリーは以前に住んでいたから知り合いが多い。まだBTS〔高架電車〕がなかった時代によくバス停で彼らと出くわした。

「あれッ、バンコクに来てたんだ。今夜、行ってもいい？」

それはソイ・アーリー界隈に住む僕の知人たちの間の符号のようなものだった。仕事の段どりは悪く、大切な伝言もすぐに忘れるというのに、この種の連絡は瞬く間にソイのなかを駆けめぐり、夕方になると、メーコンという安物のタイウイスキーの大壜を抱えて現れる。続いて別の知人が、ビニール袋に入ったおかずを三、四品手にしてやってくる。別の知りあいは新聞紙も持ってくる。おかずや酒の入ったコップをその上に置くのだ。あっという間に、こういう手筈を整えるのだ。この能力を別の分野で発揮したら、タイという国はもっと発展しただろうと改めて思ってしまう。

彼らが僕の部屋に集まるのには理由があった。話をしたい？　それもあるにはあるのだが、そう、理由の一パーセントほど。彼らの心の大半を占めているのは冷房だった。マイハウスホテルは、しばしば効きが悪くなるが、一応冷房が効いているのだ。

彼らは客でもないのに、部屋の電話でレストランに連絡をとり、コップ、皿、フォークやスプーン、氷、ソーダ、水などを頼む。マイハウスホテルは、各フロアーに二、三人のおばちゃん従業員がいた。彼女らはベッドメーキングなどの部屋の掃除が主な仕事だが、頼んだ洗濯物の引渡しや、レストランの厨房でつくられた食事を部屋に運ぶ仕事もしてくれる。もうすっかり顔なじみである。

彼女らがふたりがかりで、コップや氷、皿などを運んできてくれるのだ。金をとるのは、氷、ソーダ、水だけだから、その重さの割に支払いは少ない。

「本当、重い」

などと文句をいいながら、新聞紙の上にコップや皿を並べてくれるのだ。おかずもしっかりチェックしていく。

「この揚げもの、角の惣菜屋で買ったでしょ。あそこのはあまりおいしくないんだよ」

宿のおばさんたちは、いつもひとこと多いのだ。部屋に集まった男たちは、おばさんに、

「最近、このホテルは冷房の効きが弱いんじゃない。電気代をけちってるでしょ」

などと減らず口をたたく。そうこうしているうちにひとりがシャワーを浴びはじめる。いったい誰がこの部屋に泊まっているのか、一瞬、わからなくなってしまうのだ。

『週末バンコクでちょっと脱力』

高架線路脇の三階にスラム

'18　インドネシア、スラバヤ

翌日はスラバヤ市内の列車を乗りつぶすことに時間を費やした。スラバヤには、スラバヤ・グブン、スラバヤ・コタ、スラバヤ・パサールトゥリという三つのターミナル駅がある。スラバヤ・パサールトゥリ駅近くを走る列車に乗っているとき、不思議な風景を目にした。高架路線になっていたのだが、横にバラック風だが家があるのだ。そこに暮らしている人もいる。どういうことだろうか。地上から高架路線の高さまで家を建てたことになる。高さでいえば三階建てである。

駅に着き、その付近に行ってみた。高架線路に沿って家が並んでいる。家の入口はその前にある路地に面していた。ということは、高架線路脇にあるのは三階部分ということになる……。見あげてみた。すると家の脇に急な石段がつくられていた。

「ん？……」

のぼってみた。石段は二階部分の屋根まで達していた。そして最後は梯子《はしご》になっていた。それをのぼると線路の上に出た。

謎が解けた。高架路線に沿って建っていたのは二階建ての家だった。その家とどういう交渉をしたのかはわからないが、その上に違法建築の家を建ててしまったのだ。住んでいるのは、二階建ての家とは違う人たち。同じ入口を使えない。三階の家々の出入口は線路に面していた。重そうなバケツを手に水を運んでいる人もいたから、三階部分には水道もないようだった。

二階建ての上の部分にスラムができあがっていたのだ。廃材を組み立てた粗末な家々の脇、ぎりぎりを列車が通過する。

ジャカルタの市内を走る電車脇にもスラムが多い。線路脇の国鉄所有地に住み着いてしまった人々だった。インドネシアの国鉄が高架にしたのは、それを防ぐことも一因なのかもしれない。しかし彼らはしたたかだった。人の家の上に勝手に家を建ててしまったのだ。

スラムの間を列車が走る瞬間を写真や動画に収めようと思った。列車と家の間が狭く、そこに立つのは危険だった。三脚の上にカメラを設置し、僕と中田カメラマンは、家の間の隙間に身を寄せた。

ところがスラムの住民が親切すぎた。列車を待っていると、雲行きが怪しくなってきた。やがて大粒の雨が降りはじめた。すると、スラムのおじさんやおばさんが、「そこは濡れる」と自分の家に招こうとする。なかにはご飯を食べろという人も出てきた。三脚から僕らが離れると、近くにいた子供たちが、忘れ物……ともってきてくれる。

「いや、そうじゃなくて……」

彼らはわかっていたはずだ。列車とスラムの家々を一緒に撮りたいという僕らの意図を。それは自分たちの貧しい暮らしぶりを写真に撮られるということなのだ。しかし彼らは、そんな僕らを放っておけないらしい。

彼らは貧しい。インドネシアの高度経済成長の底辺で汗を流している。仕事はつらいだろう。しかしそんなことを忘れて、僕らのために傘をもってくる。

「きっとこの国は大丈夫」

雨に濡れながら列車を待つ間、そんなことを考えていた。

『東南アジア全鉄道制覇の旅――インドネシア・マレーシア・ベトナム・カンボジア編』

村が赤く染まっている

'16　ラオス、タラート

車は北に向かって進んでいった。地図を見ると、タラートはその道から西に入ったところにあった。ロットゥー〔乗り合いバン〕が幹線を離れた。間もなくして未舗装の道になった。

後ろの席からシャッター音が連続して聞こえてきた。阿部カメラマンがそこに座っていた。しばらくすると、彼のほうから声をかけてきた。

「赤ですね」

「そう、全体が赤いというか、レンガ色に染まっている。こんな風景、見たこともなかった」

未舗装路は濃いレンガ色だった。ラテライト、赤土である。日射しが強く、強い雨に晒《さら》される一帯の土は、レンガ色に変色していく。土のなかの水に溶ける物質が洗い流され、鉄やアルミニウムの酸化物が表面に浮きたつように集まってくる。土に赤みがさしてくるのだ。しかしこれほどまでに赤くなった道はあまりない。

風景を赤く染めているのは、土だけではなかった。家の屋根瓦が、ラテライトと同じ色なのだ。そんな家が道に沿って並んでいる。風景全体が赤くなっていく理由だった。

家々の密度が少しずつ高くなっていった。ロットゥーが到着した広場の土も、赤く染まっていた。

『週末ちょっとディープなタイ旅』

混みあうバスでの運賃の支払い方

中国、上海

さて、こうして上海のバスに乗る。いくらそこに日本人がいるとわかっていても、そこだけゆったりと立たせてくれるほど上海のバスはすいていない。もう、もみくちゃになる。問題はそのなかで、どうやって運賃を払うか、ということである。上海のバスの車掌は、混みあうバスのなかを移動して、こまめに運賃を回収するようなことはしない。乗降口のわきにある車掌席にいばりくさって座っている。そこだけバーで区切られていて、車内の混乱も及ばないのだ。車内は身動きできないほど混んでいるのだから、そこまで移動していって運賃を払うことは不可能にちかい。と、どうするか。見ず知らずの隣の人にお金を渡すのである。すると、そのお金は次の人の手にわたり、その先に渡りと次第に車掌席に近づき、運賃が支払われるのである。切符はもちろんその逆ルートを伝って返ってくる。よくしたもので、お釣りが必要なときも、このルートに乗せればいい。しっかりと切符とお釣りが返ってくる。僕は上海のバスには何十回となく乗っているが、お釣りが間違って返ってきたことは一度もない。いってみれば、このシステムは、高圧的で仕事をしようとしないバス職員と空前絶後の混雑のなかで、民間の上海人が考えだした自衛策でもあるのだ。

『バスの屋根から世界が見える』

究極の露天風呂に入った

’20　台湾、梵梵野渓温泉

店のオーナーのようなタイヤル族の女性が、日本語で声をかけてきた。片言というレベルをはるかに超えている。訊くとご主人が日本人だという。そのときはたまたま、日本に帰っていた。その女性が温泉の説明をしてくれた。ここには野渓《イエシー》温泉があった。河原に湧出する温泉を台湾ではこういう。日本では野湯《のゆ》などとも呼ばれる究極の露天風呂である。

「歩いていけますよ。でも、今日はもう暗くなりはじめているから」

たしかにそうだった。通常の温泉と違い、河原を掘っただけの温泉のはずだった。照明はないだろう。暗いなかで湯に浸かるというのも……。

この村に泊まることにした。しかし一軒あるという民宿は休業中だった。雑貨屋の女性が、車で二十分ほどのところにある松羅村の民宿に連絡をとってくれた。村長さんが経営する民宿だった。

翌朝、再び英士村にやってきた。温泉は梵梵《ファンファン》野渓温泉と呼ばれていた。村の人に道を訊いて向かったのだが、途中から道がわからなくなった。小学校の校庭を横切り、梵梵渓という川の土手にあがると、「歩道入口」という看板があった。その方向に進んだのだが。とりあえず土手をおりてみた。草の生い茂る河原を進む。きちんとした道があるわけではない。しばらく草をかきわけていくと、梵梵渓に出た。川の向かい側がキャンプ場になっていた。板を渡した橋を渡り、キャンプ場の脇を通り、河原を少し歩くと湯溜まりがあった。

これが野渓温泉？

周囲を見渡した。朝が早いせいか誰もいない。ジャンパーを腰に巻き、河原で水着に着替え、そろり、そろりと湯に入る。

寝起きの体に温泉がしみ込んできた。崖の下から湯が湧いていた。そこに梵梵渓の水を流し入れて適温にしている。村の人たちが管理しているのだろうか。湯に浸かり、空を見あげる。頭上の木々の間から青空が見える。野鳥の声が周囲に響いている。

「野渓温泉……これはいい」

しかしここで味をしめたばかりに、野渓温泉のとんでもない世界に入り込んでいくことになる。それを知らない僕は、周囲の山々の緑を眺めながら、これはいい、と何回も呟《つぶや》いていた。

野渓温泉――。これは究極の露天風呂ではないか。日本にも、これに似た温泉はあるだろうが、その手つかず感がまったく違う。

『台湾の秘湯迷走旅』

シクロマンのお目当て

'95・ベトナム、ホーチミンシティ

初めてファングーラオ通りのホテルに泊まったのは、一九九五年のことである。そのとき、僕は出発前に足をくじいてしまっていて松葉杖がなければ歩けない身だった。こんなときは、いくらぼられることがわかっていても、シクロやバイクタクシーに乗らざるをえない。足が悪い身にはバイクタクシーよりもシクロのほうが好都合だった。ホーチミンシティのシクロは自転車で押すスタイルだが、考えようによっては自転車式の車椅子ともいえなくもないのだ。

僕は毎日、借り切りでシクロを利用することにした。当時、一時間一ドルが通り相場だった。ホテルの前にたむろしていたひとりのシクロマンと交渉した。

今考えれば、彼を選んだことが正解だったのかもしれない。彼は僕の足を気遣ってくれて、シクロを乗り降りするときはいつも肩を貸してくれたり、手を差し伸べてくれた。暑い時間帯だった。シクロマンの額には汗がにじんでいた。いつもならそういうことはしないのだが、ホテルに帰る道すがら、僕はシクロマンを一軒の茶屋に誘い、冷たい飲み物を奢《おご》ってあげた。

ところがその翌日から妙なことが起きた。ホテルの前に松葉杖をついて出ると、シクロマンが声をかけてくるのだが、誰もが一時間一ドルというのである。この値段は決して高くはなかったから、僕は交渉などせずに乗ることができたのだ。そのシクロマンに、

「昨日、僕が乗ったシクロマンは？」

と訊くと、

「今、ほかの人を乗せている」

と答えが返ってきた。その日は二時間借りた。ホテルへの帰り道を走っていたシクロが急にスピードを緩めた。見ると、昨日、僕らが冷たい飲み物を飲んだ茶屋がそこにあったのだ。そのシクロマンはなんの断りもなしにその茶屋にシクロを横付けしたのである。

「困った奴だな」

そうは思ったが、そのシクロマンも僕の乗り降りを手伝ってくれた。そのお礼を考えればしかたないか、と僕も茶屋の椅子に座ったのだった。

次の日も、その次の日もシクロマンは変わるのに、まったく同じことが繰り返されたのである。どうも僕の話は、瞬く間にホテルの前で客引きをしているシクロマンに広まってしまったようだった。初日に乗った奴が、

「たいした儲けにならないが、終わると冷たい飲み物が飲める」

とでもいったのに違いなかった。

だがシクロマンと茶屋に入る時間は心地よかった。シクロマンたちは誰も僕の足を気

遣ってくれ、拙《つたな》い英語で世間話をしてくれるのである。子供は何人いて、女房はどこで働いている。こうしてシクロで稼いでも、元締めにがっぽりもっていかれるんだ……。そういいながら日に焼けた顔に笑みをつくるのだ。日陰に座る僕らの周りを南の風が通り抜けていく。

『アジアの困ったちゃん』

日が落ちたあとの世界遺産に集まってくるのは……

'16 カンボジア、アンコールワット

今回、訪ねたのは十一月で、日も短くなっていた。五時半に近づくと空の明るさも弱くなってくる。その頃から、カンボジア人の比率が多くなってくる。公園と思えば納得できる。

僕らはアンコールワットを出、流れ聞こえてくる音楽の方向に歩いていた。アンコールワットの遺跡のイメージとはまったく合わない、いまのカンボジア音楽である。いったいなにをやっているのかと思ったのだ。

アンコールワットの堀に沿って歩いていると、阿部カメラマンの足が止まった。

「なんですか、あれ」

堀の石塀の脇にちょっとしたスペースがあり、ハンモックがずらりと並んでいた。その間にござが敷かれ、人々が座ってなにやら食べている。

ハンモックは携帯式だった。ハンモックといえば、両端を木やその枝に縛るスタイルを以前はよく見た。しかし木がないとハンモックを吊ることもできない。携帯式は場所を選ばなかった。金属製の支柱を組みたてるだけでよかった。おそらくハンモックの網もそこにとりつけてあるのだろう。ぱたぱたと折りたためば、車に載せることもできた。いったい誰が考案したのかは知らないが、業者はそれを数十個買い、空き地に置いて場所代をとるというハンモックビジネスをはじめたようだった。

堀の向こうには西大門が見える位置だった。観光客だったら、必ずスマホのシャッターを押すような場所だったが、カンボジア人は、そんな風景も意に介さず、暗くなりはじめたなかで楽しそうに料理を口に運んでいた。通りを挟んだ向かいには何軒もの屋台が出ていた。そこで惣菜や飲み物を買い込み、ハンモックの間のスペースにござを敷きはじめるグループもいる。これから飲み会がはじまるらしい。

そこから通りを渡り、音楽が流れてくる方向に歩いた。板塀に囲まれた一画にスピーカーが置かれていた。なかをのぞくと、皿やコップがセッティングされたテーブルがずらりと並んでいる。

「結婚式だろうか」

なかを見ていると、着飾った女性が出てきた。

「これから結婚パーティなんです。一緒にどうですか」

昔、カンボジアの村で、見ず知らずの人の結婚式に無理やり参加させられたことが何回かある。カンボジアの結婚式は、誰でもその宴会に加わることができるらしい。さすがに今回は断ったが、そのパーティがこれからはじまるのだ。式場の脇は大きな駐車場になっていた。通りから次々に車がそこに入っていく。結婚パーティの出席者だろう。

周囲を見渡しても、アンコールワットにやってくる観光バスはなかった。皆、シェムリアップに戻っていった。通りを歩く観光客の姿もない。日が落ち、すっかり暗くなったアンコールワット周辺は、カンボジア人の街に戻っていた。村上春樹の『1Q84』という小説が頭に浮かんだ。そのなかにある、「猫の町」という挿話。こんな内容だった。日が落ちると、橋を渡って猫がやってくる。猫たちは夜の町で食事をし、仕事をする。そして朝になると、すべてを片づけて猫は消える。

林のなかには、ぽつんぽつんと携帯ハンモックが置かれていた。その脇にはカンボジア人たちが座っている。ライトというものがなにもない。まっ暗いなかで、彼らは笑い、世間話に花を咲かせる。車座の中央には、料理や飲み物が並んでいるのだが、僕の目ではその内容までは判別できない。彼らには見えるのだろうか。

その先に進むと湖があり、大きなテントの下にテーブルを並べた食堂が七、八軒、並んでいた。テーブルの上には皿やコップ、ビールがセットされている。店の前では炭が熾《お》こされ、その上に金網が置かれている。客の注文を受けて、ここで肉や魚介を焼くのだろう。時計を見ると、六時半になっていた。これからシェムリアップの人々やカンボジア人の観光客がやってくるのだ。

『週末ちょっとディープなベトナム旅』

ラクダ乗りに向かって「ボークラ」というと……

'81　エジプト、カイロ

海外旅行をはじめてまだ日が浅い当時の僕は、彼らに手こずっていた。彼らは、こちらが、

「ノー」

と断っても、われ関せずという顔でつきまとってくる。アラビア語はからっきしできない僕は、だからといってそれ以上の言葉をしゃべることもできず、ノーという言葉の語気を強めるぐらいのことしかできなかった。そんなとき、ナイル川の中州にあるペンションでひとりの日本人旅行者と出会った。まだ学生だったが、中近東を中心にまわっていた彼は、

「ボークラ」

という言葉を僕に教えてくれたのである。それはアラビア語で明日を意味する単語だった。正確なアラビア語の発音では、少し違う表記になるのかもしれないが、当時の僕にはそう聞こえたのである。

その学生は、

「ボークラは効きます。圧倒的に効きます。しつこい物売りにつきまとわれるでしょ。いくらいっても、彼らはついてくる。そういうときに、ボークラっていうんです。明日ね、と。するとこれが不思議なんですよ。あれほどうるさくつきまとった男たちが、サーッと帰っていくんです」

と教えてくれたのだった。カイロの物売りたちの執拗さに手を焼いていた当時の僕には、その話をにわかに信ずることはできなかった。しかしカイロという街は、信じようが信じまいが、その言葉を使いたくなる状況はすぐにやってくるのである。

翌日、僕はカイロ郊外にあるギゼのピラミッド見物にでかけた。ピラミッドの周りには、物売りたちがバスから降りた僕を待ち構えていた。彼らはピラミッドにむけて歩く僕につきまとった。パジャマのようなだらりとした洋服を着た男や少年が、やれ、これは本物のパピルスだ、俺の店に来れば出物があると口々にしゃべり続けるのである。はなから土産物には興味がなかったから、適当にあしらったが、それが通用しなかったのがラクダ乗りだった。ラクダの背に乗って観光をするという、鳥取砂丘にもある乗り物だったが、そこはカイロのピラミッドである。なかなかの人気を集めているようだったが、なにしろラクダの数が多過ぎる。行く先々で待ち構えているのである。物売りというのは人間だから、僕にまとわりつくだけだが、ラクダの足は人間より速い。あいつはいなくなったな、と思うと、先回りしていて、ラクダに乗った男はひげ面の顔で、

「ニッ」

と笑うのである。これにはほとほと参った。いけどもいけどもラクダが待っているのである。気温は高く、歩き疲れた僕が道端の石の上に座ると、たちどころに数人のラクダ乗りがラクダに乗って集まってくる。

僕はしかたなく、教わった言葉を使ってみた。

「……ボークラ」

それは本当に不思議なことだった。そういったとたん、彼らはラクダの向きを変えてどこかへいってしまうのである。それはまるでラクダ乗りの人格のなかから、商売とか執拗といった単語が憑《つ》きものがとれたかのように消えてしまうような感触だった。僕はあっけにとられたようにその後ろ姿を追ってしまった。ボークラとはいったいどういう言葉なのだろうか。カイロの男たちにとって、それは水戸黄門の印籠《いんろう》のようなものなのか。僕は秘密の呪文を手にいれたような気分で、その後、このボークラを連発しながら

カイロの街を歩いたのである。

『アジアの旅人』

列車が靄のなかに突っ込んでいく

'17 カナダ、バンクーバーからトロントへ向かう列車

列車が停車する気配で目が覚めた。すでに明るかった。

窓の外に広がる眺めに目を疑った。列車は丘陵地帯を走っていたのだが、車窓に見える谷が真っ白なのだ。谷が白い靄《もや》で埋まっている。靄というには密度がある。高山に登り、早朝に雲海が谷を覆うことがある。それによく似ていた。そう、その靄は雲ほどの密度があった。

反対側の窓も見てみた。そこにも雲海のような靄があった。列車は丘陵の高い部分を走っていた。両側が白い靄で覆われていた。それが風に舞うように静かに動いている。おそらく気温差が原因なのだろう。谷底の川や湖面から靄が立ちのぼり、濃い靄が谷を埋めていくのだ。それが谷底からゆっくりとのぼり、太陽の光を浴びて消えていく……。

急いで展望車に移った。誰もいなかった。最前列に陣どった。三両先の機関車がよく見える。列車は尾根の上を、大きくカーブしながら進んでいく。しばらくすると、くだ

り坂にさしかかった。谷底に向かっていく。靄のなかに突っ込んでいく感覚である。しだいに靄が濃くなっていく。太陽の光が遮られ、周囲が暗くなっていった。車窓を白い靄が勢いよく通りすぎていく。

時間を忘れて見入っていた。靄のなかを進む車窓に、うっすらと湖が現れる。大きな湖ではない。丘陵地の間の窪地《くぼち》に水が溜まったような程度だった。チベット高原を思い出した。氷河が削った窪地が湖になり、その水が凍りついていた。湖の形がよく似ていた。

これがカナダ楯状地《たてじょうち》のようだった。

『鉄路2万7千キロ　世界の「超」長距離列車を乗りつぶす』

スコールが降りはじめるとき

'18　ベトナム、ロンビエン

待合室からロンビエン橋が見渡せた。線路脇の道を走ったバイクが待合室の前で曲がり、坂をくだっていく。ぼんやり眺めていると、雲ゆきがおかしくなってきた。空が暗くなり、不安な風が吹きはじめた。やがて大粒の雨が降りはじめた。

南国のスコールが降りはじめるときが好きだ。外を歩いていると、「さて、どうしようか……」と雨宿り場所を思案しなくてはいけないのだが、いまは待合室。雨に濡れる心配もない。気温がさがり、どこかほっとするなかで、高みの見物気分で街を眺める。なんだか気分が楽になるのだ。

東南アジアでは、スコールに見舞われると、その先の約束が雨水と一緒に流れていく。約束が消えるわけではないが、遅れても誰も文句はいわれない。スコールだからしかたない……という不文律がある。その感覚を気に入っている。自然に抗《あらが》わないなどという大層なことではない。南の国のスコールのなかで無理をすることは大変なことなのだ。

その一瞬、解放されるのだと思う。

人と人の約束が、まったく無縁のスコールで反故《ほご》にされていく。それを誰も咎《とが》めない社会。アジアはいいなぁと思うときでもある。

『東南アジア全鉄道制覇の旅——インドネシア・マレーシア・ベトナム・カンボジア編』

日本からやってくる知人へのプレゼント

タイ、バンコク

バンコクにしばらくいると、必ずといっていいほど日本から知人がやってくる。その都度、僕はドーン・ムアング空港に出迎えにいくことになる。そんなときは、パークソイ（ソイの入口）でプアング・マーライかランの花を買っていくことにしている。プアング・マーライはジャスミンの花房を糸でつないで輪の形にしたもの。小さなものなら十バーツほどである。この花輪はピーという精霊に捧げる花だから、決して値切ってはいけない、とタイ人からきつく言われている。だから僕も、おばちゃんの言い値で買う。なじみのおばちゃんは、ビニール袋にその花輪を入れ、サッと水をかけてくれる。こうすると花のもちがいいらしい。

ジャスミンの花輪やランは夜になると芳香を放つ。これをベッドの横に置いておく。電気を消し、静まりかえった部屋のなかでベッドに横たわると、仄《ほの》かな香りが流れてくる。

この匂いは、入眠効果があると聞いたことがある。バンコクやタイの地方都市でこのサービスに出あったことはないが、ビルマ（ミャンマー）のラングーン（ヤンゴン）のダゴンホテルでは、この匂いを使っていた。このホテルは旧オリエンタルホテルだが、今は市街地の安宿になり下がっている。しかしそのサービスには、かつてのオリエンタルホテルをほうふつとさせるものがあった。このホテルに初めて泊まった日、夕食を食べてホテルに戻ると枕元にジャスミンの花房が数個、置いてあった。ビルマには、タイのように花輪にする習慣がないから、置いてあるのはコロコロと転がってしまいそうな白い花房だ。しかしその花が、夜になると芳香を放った。部屋にいてわかるほど強い香りではない。ベッドに横になって、初めて気がつく程度である。そのつつましさがまたいい。ジャスミンの匂いは、東南アジアの寝苦しい夜を救ってくれた。

バンコクの街は、ラングーンに比べると、ただでさえ騒然としている。街には排気ガスが充満し、どこからともなくドブのすえた臭いが漂ってくる。最高級ホテルに泊まるならまだしも、中級クラス以下のホテルに泊まるとなると、部屋のなかまでこの臭いが流れてくる。せめて、最初の晩ぐらい、ジャスミンやランの香りにつつまれて眠ってほしい。プアング・マーライやランはそんなささやかなプレゼントなのだ。

『ホテルバンコクにようこそ』

波照間島で星空を見あげると……

'14 沖縄、波照間島

前迎《まえむかい》さん〈民宿の主人〉が懐中電灯をつけ、その光を頼りに三十メートルほど歩くと、広場のような空間に出た。

そこにシートを敷き、女性たちは仰向けになった。星を見るならこの体勢である。

「久しぶりのいい夜ですよ。星もかなり見える。南十字星を見るのは、今年、はじめてですよ。いい夜だ……」

五月の下旬だった。沖縄は梅雨のただなかだったが、運よく晴れてくれた。島の人たちは、梅雨のなか休みだといっていた。

「星の説明をするから、ちょっと、こっちに来てくれる？」

初老の男性の声が響いた。

彼がとりだしたのは、レーザーポインターという道具だった。講演会などで使っているところを見たことがあるが、星空にも通用するとは思わなかった。空に向かってスイッチをいれると、光の筋が星まで届くのだった。実際はそんなことはないのだが、人間の目にはそう映る。

「じゃあ、まず、南十字星。あれです。四つの星があるでしょ」

レーザーポインターがぴったりと、四つの星のなかのいちばん上の星を示した。たしかに四つの星を上下、左右につなぐと十字になる。あとで調べてみると、この南十字星の識別はなかなか難しいらしい。偽南十字星もあるのだという。

「南十字星は、あまり明るい星じゃないんで、見つけにくいんです。見つけ方はケンタウルス座のポインターっていう、ふたつの明るい星を見つけること。その右側です。ケンタウルス座が、こんなにきれいに見えるのは波照間《はてるま》ならではですね。ほら、北極星と見比べてみてください。明るさの違いがわかるでしょ」

女性たちは、レーザーポインターの光の筋のあとを追って、頭をくるりと北の空に向ける。見慣れた北斗七星があり、北極星が輝いている。

「ほーッ」

つい声が出てしまった。波照間島は、北極星と南十字星が同時に見える島だった。初老の男性は天文マニアのようだった。星を見るために、この島に足繁く通っているのかもしれなかった。いつもは宿のご主人が説明しているのかもしれないが、この初老の男性の知識には一目置いているようだった。天文マニアというより、天文おたくである。

「だんだん天の川が出てきました。ほら、東の空。あれは雲じゃないんですよ。天の川なんです。望遠鏡を渡しますから、見てみてください。小さい星がびっしりとあるのがわかりますから」

僕ものぞいてみた。小さい光の粒が、気持ちが悪いほど密集している。

ひと通り説明をすると、初老の男性は、三脚の上にカメラを据え、自分の撮影をはじめる。ご主人は、女性たちの記念写真を撮り、やがて皆、黙って星空を見あげはじめた。女性たちはシートの上に横になり、ただ星空を見あげている。そのうちに寝息も聞こえてきた。昼間の疲れが出たのかもしれないが、つい、うとうとしてしまうほど気持ちのいい夜だった。風は心地よく吹き抜け、虫もいない。頭の上には星空である……。

『週末沖縄でちょっとゆるり』

礼拝の時間にバスが停車した

'15　マレーシア、コタバルを発着するバス

バスを降りるときに訊くと、運転手は、「三時出発」といった。三十分近くある。食事をとることができる。その日はまだ、昼食を食べていなかった。

乗客のあとについてトイレに入った。「急いで昼食を……」と食堂に向かおうとすると、トイレを先に出た乗客が、横にある部屋にぞろぞろと入っていってしまった。

「ん？」

なかをのぞくと、部屋は衝立《ついたて》で前後に分かれていた。前方に男性、後方に女性が入っていく。

「礼拝？」

「三時の……」

阿部カメラマンと顔を見合わせた。僕らはすることもなく、食堂に向かうしかなかった。

バスの休憩時刻が、礼拝の時刻で決まっていた。

イスラム教の礼拝は一日五回と決められている。すべてをこなさなくてはいけないわけではないが、その時刻はモスクから流れるアザーンという呼びかけでわかる。厳密には夜明け前、太陽が出、体の影が身長と同じになってから日没まで……などと決められているというが、一般的には日の出頃、正午頃、午後、日没頃、夜といった感じだろうか。

しかしそれは、バスの運行時間とは無縁の世界である。マレーシアの長距離バスはトイレがついていないことが多い。二時間から三時間に一回の割合で停車する。しかしその時刻が、イスラム教の礼拝を考慮していたのだ。

『週末シンガポール・マレーシアでちょっと南国気分』

五時半発の列車が朝食停車

'16 ミャンマー、イェサジュ駅

モンユワ行きは朝の五時半発だった。一時間ほど走ると朝日がのぼりはじめた。昨日の朝も、バガンに向かう列車のなかから、ぼんやりと朝日を眺めていた。乾季に入りかけている。毎朝、くやしいほどの立派な太陽が姿を見せる。

列車は通学する高校生を乗せていた。イェサジュという駅に着いたのは七時少しすぎだった。駅舎の周りでは朝市が立っていた。すぐに出発するのかとホームを眺めていると、運転手や車掌がそこにいた。市場のなかに、乗客の高校生も見える。皆、市場でもち米を頬張り、おかずをビニール袋に入れてもらっている。ミルクティーを飲んでいる客もいる。

運転手たちは一軒の屋台の前に立っていた。朝食をビニール袋に入れてもらいながらおばさんと話し込んでいる。

朝食停車だった。三十分ほど停車していただろうか。僕はパコックーのホテルに泊まった。一泊三十ドルもした。ミャンマーのホテルは朝食つきが多かった。パコックーのホテルでも朝食を案内されたが、列車が朝の五時半発である。四時に起きた。

「どうしてミャンマーの列車は、こんなにも朝が早いんだ」などと不満げに駅に向かうバイクタクシーに座った。

朝食のために三十分停車するなら、発車を三十分遅らせるのが筋ではないか。一日に一往復という路線では、ほかの列車との時間調整など必要ない。発車が三十分遅くなったところで、ホテルの朝食に間に合ったわけではなかったが、日本人の僕はなんとなくしっくりとこない。しかし運転手や車掌にそういうと、「五時台の朝食は大変でしょ」などという間の抜けた言葉が返ってくるのかもしれない。

僕もホームに降り、米粉の蒸しパンもどきを買った。頬張ってみる。仄《ほの》かな甘さが、周囲の森の木々が発する凛《りん》とした香りと混ざり合う。

「ホテルの朝食より快適かも……」

なんだか気分も軽くなる。ミャンマーの列車に染まっていく感覚……こういうことかもしれなかった。

列車はゆっくりと北上をはじめた。運転手は、ビニール袋に入ったご飯を食べながら、レバーを握っているのだろう。それが許されることなのかどうかはわからないが、ここはミャンマーである。一日一往復の列車しか走らないローカル路線である。

まあ、いいとしておこう。

『東南アジア全鉄道制覇の旅――タイ・ミャンマー迷走編』

第5章 トホホな話編

海外では日本の常識は通用しない。トラブルや困った人々と遭遇するのは日常茶飯事だ。ぼったくり、賄賂の要求、ありえないほどの渋滞、人が走るのより遅い列車……そんなばかなと思うけれど、天を仰ぐしかない。

バス停に停まってくれないバス

エジプト、カイロほか

この種のバスの得意技はバス停で停まらないことである。それは長距離バスだけでなく、市内を走る路線バスでも同様である。なにかこういうことがカッコいいと思っているのか、俺たちは忙しいんだから、いちいちバス停なんかで停まっていられるか、とイキがっているのかは知らないが、とにかく停まらないのである。なにか間違っているような気がしないでもないが、やはり停まらないのである。僕の経験からいうと、カイロとパキスタンのカラチのバス、そしてバンコクのバスにもその傾向は窺えるのである。

「じゃあ、バス停っていったいなんなの?」

と日本人は素朴な疑問を抱いてしまうかもしれないが、この質問は、はっきりいって僕自身、それらの街のバスの運転手に向けたいのである。彼らは、バス停とは徐行区間と理解しているのだ。その結果、乗客は徐行している間に乗り降りするという離れ技を身につけなくてはならなくなるのだ。

当時、それらの街の市内バスにはエアコンなどついていなかった。バングラデシュのバスには、いまだにエアコンはついていない。だから、窓はもちろん開け放されているが、乗降口のドアもいつも開けっぱなしになっている。なかにはドアが壊れてなくなっているものもある。あっても閉めないのだから、壊れても直す気力が湧いてこないのである。そして困ったことに、ドアが開いているから、走行中の乗り降りが可能になってしまうのである。

まず、降り方から説明してみようか。バスは基本的には停まってくれないのだから、降り方といっても飛び降りることになってしまう。そのとき、大切なことは、必ずバスの進行方向に向かって飛び降りることである。しかし、飛び降りたとき、乗客の体はバスのスピードをもっているのだから、体操の選手のように着地をピタッと決めようなどとは思わないことである。そんなことをしたら足を痛めてしまう。どうするかというと、バスのステップから足が離れ、地面に着地した瞬間、きき足を出すのである。続いてもう一方の足。要するにバスを飛び降りてからしばらく走り、スピードを殺しつつ止まるのである。注意を払わなければならないのは、バスから飛び降りる場所である。飛び降りてから、十歩ちかくは走らなければいけないのだから、それだけのスペースのあるところで降りなければいけない。凹凸があったり、障害物があったりするとなかなか難しくなってしまう。着地の際の運動神経と同時に、着地する場所を見極める観察眼が問われる技といってもいい。
だが、乗り方はもっと難しい。どうするかというと、まずバス停に立って待ち、乗りたいバスを見極めるところから始まる。そのバスが五メートルほど手前に近づいたら、バスのいる方向とは逆、つまりバスがバス停を過ぎて進んでいく方向に走りださなくてはならない。僕らの走る速度よりも、当然、バスは速いのだから、しだいにバスは背後から近づき、やがてバスが追い抜こうとする。その瞬間である。ちょうどドアが真横に来た瞬間、横っ飛びのテクニックでバスにしがみつくのである。足は乗降口のステップをめざし、手はつかまる手摺《てすり》にのばす、という手足が別の動きをしなければならない高等テクニックである。この瞬間を逃がすと、もうバスには乗れない。難しいのは、バスのスピードと自分の走るスピードである。ちょうど同じスピードに達したときに横にドアがあり、サッと飛び乗らなくてはならない。どちらかが速すぎると、体のどこかをバスにぶつけたりする。乗客がこんなことをしなくては乗れない、というのも、すべてバスの運転手の傍若無人《ぼうじゃくぶじん》ぶりが、バスの人格となっているからなのだ。

『アジアの誘惑』

渋滞にげんなり

日本からきた知人と乗ったタクシーが渋滞に迷い込んでしまったことがあった。たまたま、車が停まってしまったところが銀行の前だった。知人がふと、

「これから行くマーブンクロンで両替しようと思ってたんですけど、この渋滞だと向こうに着いたとき、銀行は閉まってしまうでしょうかね」

と聞いてきた。銀行の閉店時刻まではあと三十分あった。通常なら五分ほどの距離だが、絶対に間に合わないといい切る自信が僕にはあった。そこで僕が代わりに両替することにした。とはいえ、車が進みだしてしまう可能性がないわけではない。僕はそんなときのために、マーブンクロンの待ち合わせ場所を確認して銀行に走った。閉店が近づいた銀行の窓口はけっこう混み合っていた。僕はその列に並んだが、両替が終わるまでに三十分ちかくもかかってしまった。これは車を拾って知人を追いかけなきゃな、と思いつつ銀行を出たが、その前には僕が降りたタクシーが一センチも前に進めずに停まっていた。車の中にはげんなりとした知人の顔があった。

'96　タイ、バンコク

『バンコク探険』

ミャンマー、ヤンゴン '94

歯痛で診療所に行くと……

ラングーン〔現ヤンゴン〕で痛くなったのは右側の前歯だった。知りあいのビルマ〔ミャンマー〕人に訴えると、近くの雑貨屋で痛み止めを買ってきてくれた。それは石炭の粉を思わせるような粉末で、親指につけて歯茎に塗れ、というのである。いわれるままにやってみたが、要するに痺薬《しびれぐすり》のようなものだった。歯茎に塗ると、二十～三十分ほど、歯の感覚がなくなるほど痺れ、確かにその間は歯の痛みは忘れるのだが、ただそれだけのことだった。痺れがなくなると、またぞろ痛みがぶり返してくるのである。

そこである医者を紹介されたというわけだった。診療所はラングーンのダウンタウンの一角にあった。一見、民家のような家のなかに入ると、先客の患者が二人ほどいた。なんでもここには三人の男がいて、ひとりはマッサージ師、あとのふたりが民間療法の医師で、薬を処方してくれるということだった。

僕の順番がきて、ふたりの男が陣どるテーブルの前に座らされた。といっても僕はビルマ語がまったくわからないから、知人が歯が痛いことを説明してくれただけだったが。

もらった薬はプラスチックケースに入っていた。蓋《ふた》を開けてみてみると、そこには土色の粉が入っていた。それを口のなかの歯の表面、歯茎などといたるところに塗り、三分間じっとしている。そして水で洗い流せばいいということだった。さっそく、口のなかに塗ってみたが、ただカレーの味がするだけだった。

「？」

市販されている痺薬をすでに経験した身でもあり、僕はさして期待もしていなかったのだが、不思議なことにこれがとんでもなく効いたのである。一日三回、これを繰り返せということだったが、一回これをやると半日は歯の痛みが遠のいたのである。しかしあのカレーの匂いのする土のような粉末はいったいなんだったのだろうか。

効き目はあったが、土色の粉末を口じゅうに塗っている姿は、とても人に見せられるものではなかった。傍《はた》から見れば、土を食べているようなもので、ついに気が触れたかと思われてもしかたのない光景だった。この状態で三分間待ち、口に水を含んで洗面所にぶちまけるときは、自分でも、

「ギョッ」

となった。洗面所全体に土色をした液体が飛び散るわけで、これも傍からみれば、吐血でもしているのではないか、と思われてもしかたなかった。

しかし、これが効いたのである。僕はまたしても、東南アジアの民間療法の妙に感心してしまったのである。

『アジア漂流紀行』

リキシャマンにアミダクジを教えたら……

'81　バングラデシュ

例えば道がわからなくて一人の男に聞いたりする。そうすると、アッという間に人だかりができ、そのなかから一人の男が選ばれたようにして出てくる。彼が道を教えてくれることになるのだが必ずといっていいほど目的地までついてきてくれる。これはやり、とてつもなく人がいいと思わなければいけないのだが、その彼がなかなか帰らない。次はどこへ行く。なんだったら案内しよう、となる。つまり引き際というものを知らないのだ。正直なところ、これにもまいる。それが善意らしきもので行動してくれるものだから、よけいに始末が悪いのだ。バングラデシュに旅した者の間では、いつもこの度を過ぎた親切が話題にのぼる。

「要するに彼らは暇なだけなんじゃないか」

「好奇心だけでついてくるんだよ」

私の知人の体験も、そのバングラデシュの男の不可解さのナゾを解く意味で興味深い。

彼はある日、泊まっているゲストハウス前から自転車リキシャに乗った。少し多めに払ったのが災いしたのか、いつの間にか、彼を待っていつも三人のリキシャがゲストハウス前で待機するようになってしまった。ここで彼は困った。いったいどのリキシャに乗ったらいいか、という問題が発生してしまったのだ。三人は全員がまったく英語を話せなかったし、リキシャの乗り心地もたいした違いがなさそうだった。三人のうち、誰にするかという判断基準がないのである。

そこで彼は三人にジャンケンを教えてみた。最後に勝った奴のリキシャに乗ると決めたのである。ところがいくら教えても、彼ら三人はジャンケンができなかった。手をグーにしたり、パーにしたりすることはできるのだが、それがどんな意味を持つかという根本のところを理解できないようだった。

彼はそこで、三人にアミダを教えることにした。地面に線を引き、何本かの横線を入れる。これは三人とも理解できたようだった。ようやく彼は一台のリキシャを決めることができたのである。

さて翌日。いつものように彼はゲストハウスを出ようとした。すると例の三人が門の前にしゃがんで待っていた。が、その後ろに四、五人の男がいる。

「こいつらもリキシャマンか、まあいい。アミダだったら、何人いても問題ないからな」

と人数分の線を地面に引いた。彼らには、前日、どうやってリキシャマンを決めたのかという話が伝わっているとみえ、

「俺はここだ」

「俺はこの線にしよう」

とそれぞれが嬉々《きき》として自分の線を決めたのだった。

彼は線をたどりながら、ふと、あることに気がついた。後ろにいた四、五人のうち、三人の顔をどこかで見たことがあったような気がしたからだ。どこだろうか。彼はバングラデシュに来てからの日々を思いだそうとした。

「まさか……」

彼は線に視線を落とす男たちの顔を眺めた。

「やはりそうだ」

後ろにいた男のうちひとりは、すぐ近くで小屋がけの茶屋の店をだすおじさんだった。もうひとりの男は、その隣のタバコ屋の男だった。

彼は頭が痛くなってきた。

三人のリキシャマン以外の男は、リキシャマンでもなんでもなかったのだ。ただ単に、アミダが面白そうなので、朝から門の前で待っていたのだった。仮に茶屋のおっちゃんに決まってしまったら、どうするのだろう。茶屋のおっちゃんがリキシャをこぐとでもいうのだろうか。バングラデシュの男たちは、やはりアミダの意味を理解できていなかった。線を辿っていく方法は面白かったのかもしれないが、それをなんのためにやっているかを理解できなかったのだ。

「彼らは親切なわけでもなんでもない。ただ単に暇で、面白そうだからやってきたのにすぎないのだ」

彼はそんな境地に至ったという。

『アジア赤貧旅行』

「あんた、いったい僕らになにをしてくれたっていうの」

'06　中国、瀋陽

世界にはさまざまな客引きがいるが、中国の客引きの強引さはトップレベルだと思う。僕らは丹東から瀋陽《シエンヤン》に出た。瀋陽駅前でバスを降りると、客引き部隊が大挙して押しかけてきた。僕らは彼らを追い払うようにして、北京行きバスを探した。ところが客引きの中年女性のひとりが、僕らの後をしつこくついてくるのだ。僕らは無視し、看板を頼りに北京行きのバス切符売り場を探した。僕らは翌朝に着くバスに乗りたかったのだが、なかなか適当な時間のバスがなかった。「あっちだ」、「向こうのバスだ」と三十分ほどまわされて、ようやくひとつの窓口に辿り着いた。その間も客引き女性は僕らの後ろ十メートルほどのところをついてきた。とくにバス切符を押しつけてこないので放っておいたのだが、僕が切符を買おうと財布に手を伸ばすと、その女性が急に近づき、口を挟みはじめたのだった。言葉がわからないが、どうも窓口の職員に向かってこういっているようだった。

「この客は私が連れてきたんだよ。マージンはいくらくれる?」

僕らがひとり百五十元、つまりふたりで三百元を払った後、女性は職員からちゃっかりと三十元を受けとったのだった。マージンは一割ということらしい。僕は女性の顔を呆然と見つめてしまった。

「あのなぁ。あんた、いったい僕らになにをしてくれたっていうの」

彼女は僕らの後をついてきただけなのだ。僕らが筆談を繰り返し、何時に北京に着くのか、とか、運賃はいくらだと交渉しているところを、後ろから眺めていただけなのだ。最終的に切符を買った窓口も自分たちで探した。その最後になって、三十元せしめるっての は……。しかし客引き女性はそんなことは意に介さないといった態《てい》で、駅前の雑踏のなかに消えていったのである。

中国の客引きはこういう手を使うことが多い。僕らにしたら騙《だま》されているわけでもなく実害もないから、抗議のしようもないのだが、なにかこう後味が悪いのである。これでいいのか、と思ってしまうのである。

『5万4千円でアジア大横断』

タイ人男性が日本人女性に大騒ぎ

'87　タイ、バンコク

十二月に入ったある日、日本から三人の女性が下宿に遊びにきた。実は彼女らは、僕が東京のタイ語学校でタイ語を学んでいたときの知りあいで、彼女らもバンコクでの語学留学を考えていたのである。誰からか僕のことを聞きつけ、下見をかねてバンコクにやってきたのである。その話を主人にすると、瞳の奥に光が差し込み、

「そりゃ、ぜひ、この家に招待しろよ」

ということになってしまったのである。とにかくその日は朝から大変だった。主人は仕事そっちのけで市場にでかけ、ナマズや雷魚を買い込み、いままで食べたことがなかったようなごちそうをつくりはじめたのである。夕方からはさらに大変だった。どこでこの話を聞きつけたのかは知らないが、主人の知人や近所の男たちが、仕事や用事にかこつけて顔をだし、とんでもない騒ぎになってしまったのである。十人ほどの男たちは、隣に座る日本人女性に興奮し、ナマズ料理を皿に取り分けたり、メーコン〔タイのウイスキー〕のソーダ割りをかいがいしくつくったり、と四十歳を超えた男とは思えない身のこなしで、実にマメに動くのである。そのうちに、誰かが、

「ディスコへ行こう」

といいだし、僕ら十数人は車やタクシーに分乗して、バンコクパレスホテルの地下の

ディスコへくり出したのである。下宿の主人は気前よく全員の入場料を払って、若者であふれるディスコに全員でなだれ込んだのだった。気が若いといおうか、女好きといおうか、彼らはしっかりと踊りまくり、日本人の女性たちのほうがあっけにとられる始末だった。

ディスコが閉店になり、三人の女性がホテルに戻っても、困ったことに、男たちの興奮はさめなかった。僕らは二台のタクシーに分乗して帰ろうとしたのだが、ちょうど信号のところで、三人の売春婦が乗ったトゥクトゥクという三輪タクシーの横に停まってしまった。男のひとりが、その売春婦に声をかけると、女たちが答えたものだから、タクシーのなかは上を下への大騒ぎになってしまった。僕はその会話の意味がわからなかったが、一台のタクシーに大の大人がすし詰めに乗った車内は、やんや、やんやの騒ぎになってしまったのである。すると知人のひとりが、

「あのトゥクトゥクを追いかけてくれ。運賃は三倍だす」

といったものだから、車内は興奮のるつぼと化してしまった。こういう遊びにすぐ乗ってしまうのがタイのタクシー運転手で、それを知ったトゥクトゥクの運転手もいっしょに遊びだしてしまう。男たちは、

「いけッ、いけッ、そこだ。左から抜け」

などと叫び、僕にとっては身が凍るようなカーチェイスが三十分も続いたのである。

トゥクトゥクは暗い路地で停まり、知人が二百バーツのタクシー代を払って、僕らもタクシーを降りた。そして、ひとりがその女たちと立ち話をして戻ってくるなり、

「五百バーツだってさ」

といったのである。それはもちろん売春代だったのだが、下宿の主人やその知人たちは、なにやら顔をつきあわせて話しだした。聞くとはなしにその話が耳に入ってきたとたん、僕は頭が痛くなってしまった。男たちの財布には残金がほとんどなかったのである。

結局、僕らは歩いて下宿に帰るしかなかった。暗い道を、十人の男たちがとぼとぼ四、五十分歩いただろうか。僕は金がなかったらカーチェイスなどするな、と怒りたいぐらいだった。その夜、男たちの多くは、下宿に雑魚寝《ざこね》をしていったのだが、これが四十をすぎた男たちがやることだろうか、と思ったほどである。僕はそのとき、タイのある諺を思いだした。それは、

「十の収入があると、八を使って二を貯めるのが中国人。うれしくなって十五使ってしまうのがタイ人」

というものだった。僕は確かにそのとおりだと思った。

『アジアの風に身をまかせ』

四つんばいもできない寝台

僕らがナウシキから乗り込んだのは三等寝台である。ウランバートルからスフバートルまで乗った列車と同じ車両だった。進行方向と平行に二段ベッドがひと組、通路を挟んで二段ベッドがふた組という構造である。この三等の欠点は、上段ベッドと天井との距離が異常に狭いということだった。僕らはこの上段だった。寝てみると、天井がもう目の前にある感覚である。まあ、体を横たえてしまえばなんとかなるのだが、そこまでが大変だった。梯子《はしご》に足をかけ、体を上段に押しあげるのだが、膝を上段に乗せるという体勢をとれないのだ。天井に頭がぶつかってしまうのである。わかってもらえるだろうか。梯子をあがるとき、膝をベッドの上に乗せ、四つんばいの体勢でベッドの上を動こうとイメージする。しかし、天井が低すぎ、四つんばいができない。では、どうやって上段ベッドにあがるかというと、梯子に足をかけた状態で、胸を上段ベッドに乗せ、トドのようにずりずりと進むのである。カイコ棚に潜り込むような気になる。やってみるとわかるが、これが意外と筋力を使う。慣れてくれば、すっと上段ベッドに横になることができるのだろうが、そうなるためには、それなりの経験が必要になる。

あがるのにも増して難しいのが降りるときだ。なにしろ天井が低いから、寝た体勢から体を完全に起こすことができない。つまりベッドの上に座るという姿勢をとれないのだ。この状態で、上段ベッドから降りなくてはならない。ここでもトドである。ずりずりと体を足のほうにもっていき、途中で反転させ、足をかけられる場所を探して降りることになる。だから寝る前にはトイレをすませ、夜は降りない……という覚悟で上段にあがることになる。

『ディープすぎるユーラシア縦断鉄道旅行』

出発前に捻挫。車椅子に乗せられて

'95　日本

しばらく待っていると、妻がタクシーに乗ってやってきた。普通なら、そのタクシーに乗って、整形外科医のところへ行くところなのだろうが、僕が運転手に告げた行き先は、

「羽田空港」

だった。

その日、僕はベトナムに向かうことになっていたのだ。

「本当に行けるの？」

という不安そうな妻の表情に、

「二、三日もたてば治るさ」

と強がってタクシーに乗ったものの、果たしてどうなるのか、僕には予想すらできなかった。おそらく僕の左ひざは捻挫《ねんざ》のようだった。いままで、この種のケガをしたことがなかった僕は、どのくらいで歩けるようになるのかもわからなかったが、不思議なことに、ベトナム行きをとりやめようとは考えもしなかった。どうすればいいのか皆目、見当もつかなかったが、ま、なんとかなるだろう、という思いもあった。しかしとりあえず、空港でどうやってチェックインをしたらいいのか、僕はタクシーのなかで痛いひざをさすりながら思いめぐらしたのだが、いいアイデアを思いつくわけでもなかった。

羽田空港に向かったのは、その日、僕は関西新空港からホーチミンに向かうベトナム航空に乗ることになっていたからだ。そのため、まず羽田空港から関西新空港に向かう日本航空の国内線に乗らなければならなかったのだ。僕の旅のスタイルからすれば、バカ高い国内線などもってのほかだったが、関西新空港に乗り入れたベトナム航空は、その乗客確保のためか、羽田空港からの国内線利用者も、関西新空港発の料金と同額にしていたのである。だったら国内線がタダのようなもの。利用しない手はなかった。空港に着き、僕はカートを支えに、チェックインカウンターに向かった。もちろん右足だけしか使えないわけで、朝の混みあう空港を進むのにはけっこう苦労した。

幸い、そのときは、中村正人君という同行者がいた。彼には悪いが、頼みは彼の肩だったのである。しばらくして現れた中村君にチェックインを代行してもらい、カートに頼りながらX線検査のところまで進んだが、ここから先はカートは使えないという。中村君の肩を借りて搭乗口まで行こうとしたが、なかなか思うようには歩けない。そんな姿に、日本航空の女性地上職員が駆け寄ってきた。

「車椅子をお持ちしましょうか」

「いえ、そんな大げさな。杖《つえ》があれば大丈夫です。松葉杖があれば、なんとか歩けるんですが」

「あいにく松葉杖は……」

不自由な僕の足は、彼女たちが習い、頭のなかにインプットされたマニュアルを刺激してしまったようだった。あっという間に、車椅子と、専門の男性職員が現れ、僕は言われるままに車椅子に座らされた。生まれて初めての体験だった。座ってみると、こんな楽な乗り物はないことがわかる。搭乗口で待つ間、僕は輪をまわして少し進んでみたり、ブレーキをかけてみたりした。ホーッ、こんなつくりになっているのか、とひとり呟《つぶや》く。隣には同じように車椅子に座ったおばあさんがやってきた。お互い目があい、頭を下げる。まわりには、搭乗を待つ乗客がいて、その視線が僕や老人に集まる。老人はいい。しかし僕は外見では、左ひざを捻挫していることなどまったくわからないのだから、どこか心苦しいのである。

「いや、空港へ来る途中で捻挫してしまいまして。一見、元気そうなんですが、これが歩けないんです。はい、一歩も……。ですから、こうして車椅子で。いや、本当は松葉杖で大丈夫なんですが、空港にはないそうでして」

と、まわりの乗客に説明したい心境だった。そして僕とおばあさんは、最優先で機内に入ることになる。その際、僕の座席は変更され、ドアに近い席に移されていた。こういうサービスがあることに、僕はひとつ、ひとつ驚いていた。

こんなところが日本という国のすごさなのであろうが、連絡はしっかり関西新空港にも届いていて、飛行機の出口には、新しい車椅子と男性職員が待っていた。僕は恐縮しながら再び車椅子に座った。僕が手にする航空券は、もちろん格安航空券である。それも羽田空港と関西新空港間は、まるでタダ同然に付けられた区間なのである。そんなことを職員は知らないのだろうが、足を捻挫しただけで、こうも手厚い待遇を受けてしまうと、申し訳なさが頭をもたげてくるのである。だいたい今まで、ろくな飛行機に乗ってこなかった。常に最も安い航空券を選んで乗ってきたのだから、人並みのサービスなど期待しない謙虚さを僕は身につけていた。飛行機が二十四時間遅れたとか、椅子が壊れた、などということは珍しくもなく、それを冷遇とも考えていない人種なのだから、人件費が世界で一番高いというこの日本で、僕ひとりに専用職員がつき、車椅子を押してくれるということは、なにか身の置き場がないことなのである。

　開港して三カ月ほど経っていた関西新空港は、僕にとって初めて足を踏み入れる空港だった。足がこんなことにならなかったら、その構造やシステムに好奇心を発揮したのかもしれないが、車椅子の身になると、電話一本かけるのにも、

「すいません。あの公衆電話のところまで行ってもらえませんか」

といわなくてはいけないわけで、結局は関西新空港の診療室に直行することになってしまった。しかしそこに詰めていた医師は内科医で、捻挫などという専門から遠く離れた分野のケガにはほとんど治療らしい治療をすることができず、ただ湿布をしてもらっただけだった。そこからエレベーターをあがり、ベトナム航空にチェックインしたのだが、自分で歩いていないせいか、それが何階のフロアーだったのか、ほとんど記憶に残っていない。関西新空港は、国内線から国際線までの乗り継ぎが実にスムースにできるということが売り文句のひとつだったと覚えているが、車椅子に乗せられ、勝手知ったる職員に押されるままに移動してしまうと、はたして乗り継ぎが便利だったのかどうか、それすらもわからないのである。

　ベトナム航空のチェックインカウンターの前で、後ろから押してくれる男性職員が交替した。おそらく、日本航空の職員からベトナム航空の職員に、僕は車椅子ごと渡されたのだと思う。そしてそれから先も、こういっては語弊があるかもしれないが、なにか

味をしめてしまうほどの待遇だった。なにしろすべて、最優先で進ませてくれるのだ。まず、空港税を払う所では、長い列を尻目に、その横のチェーンで閉鎖した入口を特別に使わせてもらった。イミグレーションでも、一般の列には並ばず、脇にあるオフィスに車椅子を横づけにして、その場でスタンプを押してもらった。一般の元気な人には申し訳ないが、車椅子に乗っていると、搭乗手続きが実に早いのである。ベトナム航空の職員にしても、僕が本当に足を捻挫しているのかを確認したわけでもない。そういえば、病状ひとつ聞かなかった気がする。車椅子に座っているというだけで、最大級のサービスを享受できてしまうのである。関西新空港の車椅子は最新式で、脇の手すりをパタパタとはずすと、機内の通路も進めるようになっていた。僕は車椅子のまま、機内の自分の席の横まで運ばれてしまったのである。

車椅子の旅は、こうして始まってしまった。

『アジア達人旅行』

運転免許がなくても警察官は運転できる？

'88　タイ、バンコクからスリンへ

僕がバンコクで暮らしていた家の近くに、警察官の官舎があった。そこに暮らす男たちとは、雑貨屋の前にある石づくりのテーブルで、だらだらとメコンというタイの安ウイスキーを飲み交わす仲だった。スリン県にある国境に行ってみたい……という話をすると、話はすぐにまとまった。

中年の警察官ふたりが、非番を利用して同行してくれることになった。タイの警察官が頼りにならないことは、それまでのバンコク暮らしで知っていた。しかしひとりで行くよりは、多少はいいだろう……と首を縦に振ると、ふたりのおじさん警官は意気があがったのか、友だちから借りた黒い自家用車のボディに、『POLICE』という大きな白いステッカーを貼って現れた。たしかにふたりは警官なのだが、パトカーでもない車に、そんなステッカーを貼っていいのだろうか。

バンコクからスリンまではひと晩かかる。夕方、バンコクを出発し、途中のナコーンラーチャシーマーで夕食をとったのだが、テーブルにつくなり、メコンウイスキーを一本注文したのだった。ふたりの警官は、「この店のナムプリックはうまいなぁ」などと上機嫌でがんがん酒を飲んでいく。ナムプリックは、タイ風の辛いディップである。これに揚げた魚や野菜をつけて食べるのだが、酒が進む料理だった。二、三杯はまあ……とは思いながらつきあっていたが、壜の酒が半分ぐらいになると、さすがに心配になってきた。そんな視線を感じたのか、おじさん警官のひとりが口を開いた。

「大丈夫。警察官はいくら酒を飲んで運転しても捕まらないから」

そういう問題ではないのだが……。

後でわかったことだが、このふたりは運転免許証ももっていなかった。不携帯という意味ではない。もともともっていないのだ。いまはどうかわからないが、当時、警察官は免許をとらなくてもいいようだった。そういう警官がパトカーも運転しているのかもしれなかった。

『「裏国境」突破 東南アジア一周大作戦』

パスポートの残存期間に気をつけて

'16頃　成田空港

2016年頃の成田空港でこんなシーンを目撃した。シンガポールのLCCであるスクートのチェックインカウンター。僕の前にふたりの若い女性がいた。チェックインはスムーズに進むかに見えたが、ひとりの女性の口からこんな声が聞こえてきた。

「嘘でしょ。そんなことってあるんですか。ちゃんと帰りのチケットもあるんですよ」

チェックインカウンターの担当者がどこかに電話をかけた。リーダー格の女性がやってきた。

「申し訳ありません。シンガポールのルールなんです。飛行機に乗ってシンガポールに行っても、入国できないんです」

「そんなこと、誰も教えてくれなかった」

「航空券の予約サイトには、きちんと書いてあるんですが……」

その女性のパスポートの残存期間が6カ月を切っていたのだ。もうひとりの女性のパスポートは大丈夫らしい。

ふたりの女性はチェックインカウンターを離れ、電話をかけはじめた。どうもシンガポールにいる友だちのようだった。その女性は事情を伝えながら泣きはじめてしまった。しかしどうしようもない。

実は世界の多くの国が、パスポートの残存期間に制限を設けている。6カ月と設定している国が多いだろうか。残りの期間が6カ月を切ったパスポートは受けつけてくれないのだ。パスポートの有効期間は5年と10年があるが、実際はそれぞれ6カ月短い。パスポートの切り替えは、期限が切れたときではなく、6カ月前と覚えていたほうがいい。

しかしなぜかこのルールはあまり知られていない。理由はルールに厳格な国と、融通が利く国があるからだ。残存期間は6カ月と決めていても、帰国するチケットをもっていれば入国を許してくれる国が多い。チェックインカウンターでも、同じ航空会社で帰国する人なら、画面にその内容が出てくる。あえて聞かなくてもわかるため、ごく普通にチェックインが進む。

そんななかで、シンガポールはこのルールに厳格な国なのだ。

『僕はLCCでこんなふうに旅をする』

一方的日本語ブームに困った

'88 中国、上海

上海の変わりようがすごいという。半年行かないと、もうわからなくなってしまうほどの激変ぶりだという。最近、僕は上海を訪ねていないが、やはり貧乏旅行者は横浜か神戸から出る船を利用するようだ。今はそれほどかどうかはわからないが、上海港からとりあえずの宿になる浦江飯店《プージアンファンディエン》までの道には、なんだかよくわからない中国人がいっぱいいた。彼らの共通項は、片言の日本語がしゃべれることだったが、そのなかには単に会話の勉強相手を求める奴がいて、これが大変だったのである。彼らはまず、

「日本からいらっしゃいましたか」

と、判で押したようにいう。

「はい」

と答えると、続いて、

「あなたは学生ですか」

とくる。僕はとうの昔に学生を終えていたから、

「いいえ」

と答えると、ここで会話が途切れてしまう。彼らは困惑の色をあらわにし、黙って僕の横をついてくる。そのうちに、横でなにやら呟《つぶや》き始める。それが日本語なのだが、

「はい。東京大学の学生です。そうですか。私は上海交通大学の学生です。どちらに住んでいらっしゃいますか。東京です。そうですか。私は上海に住んでいます」

と続くのである。つまり、彼らは質問と答の両方を呟いているのだ。どんなふうに日本語を学んでいるのか知らないが、おそらく、上海に出回っている教科書にはそんな例文が載っているのだろう。残念ながら、学生ですか、と聞いて、いいえ、と答えられた場合の例文がないのである。なかには、僕の前で、

「日本からいらっしゃいましたか。はい。あなたは学生ですか。はい、東京大学の学生です」

と一方的に喋って、立ち去ってしまう奴もいた。僕はなにが起きたかすぐにはわからず路上でポカーンと立ちつくしてしまった記憶がある。中国人というのはいつもこうだった。一方的なのである。


『アジアの誘惑』

二時間遅れた列車は勝手に引き返した

'12　タイ、ナコンラーチャシーマーからノンカーイへ向かう列車

四年ほど前、ナコンラーチャシーマーからノンカーイに向かう各駅停車に乗った。この列車は、バンコクに向かう列車との待ち合わせや、なんだかわからない停車に加え、線路の上にいた牛を轢《ひ》いてしまうなどのトラブルがあり、ノンカーイの手前にある大きな街のウドンターニーに着いたときは二時間ほど遅れていた。列車が駅に着く前、乗客が皆、荷物をまとめはじめた。訊くと、この列車は、ウドンターニーで引き返すのだという。

「そんな勝手な……」

このまま進むとノンカーイには二時間以上遅れて到着する。おそらくこの列車は折り返し運転をするのだ。その運行に遅れが出てしまうため、手前駅で折り返してしまうのだろう。こんなことをしていいのだろうか。ノンカーイまで行こうとしている人はどうなるのだろうか。

しかしタイ国鉄はそこまで身勝手ではなかった。駅舎を出たところに代行バスが停まっていた。

「こういうこと、よくあるんですか」

バスの隣席に座った人に訊いてみた。

「しょっちゅうだよ」

「……」

運行スケジュールを変えたほうがいいような気もしたが、そこにはタイ国鉄なりの事情があるのかもしれない。


『週末ちょっとディープなタイ旅』

タクシー戦争には勝てない

'10　中国、ウルムチ

オフィスで働く人々はバブリーだった。通勤にバスなど使わず、タクシー派という人がかなりいた。この街でタクシーに乗るということは、豊かな漢民族と競いあうことだった。

とくに夕方以降、この街はタクシー不足に陥る。オフィス街の路上では、何人もの人がタクシーを待っていた。僕らもそのなかに立つことになる。十分、二十分と待ち続ける。路上にはそんな人めあての白タクもけっこう走っていて、勘のきく女性たちはさっさと乗り込んでいってしまう。しかし白タクは運賃交渉制で、ウルムチに詳しくない僕らはつい敬遠してしまう。ぼられることがわかっているのだ。

三十分、四十分と待ち続ける。運よく空車がやってきた。

「よし、あれだ」

とタクシーに近づくのだが、いかんせん僕らは中国語を話すことができない。行き先を地図で示すか、住所を書いたメモを手渡すしかない。運転手はそれに視線を落とすのだが、そのとき、後ろからドアが閉まる音がする。

「ん?」

振り返ると若い女性が後部座席に涼しい顔で座っている。

「そりゃ、ないだろ」

と日本語を口にしても通じるわけもなく、呆《あき》れて立ちつくす僕を無視して彼女は行き先を告げるのである。一瞬、困ったような表情をつくる運転手もいるが、女性の語気には、「バリバリのキャリアウーマンなのよ」といった強さがあり、その勢いには負けてしまうのだ。

いつまでたってもタクシーに乗ることができなかった。二日目、行く先など伝えずに、後部座席にどんと乗り込むことにしたが、今度は運転手から、「その方向には行かない」と断られ、ウルムチの路上で空を見あげることになる。こみあげる無念に唇を噛《か》むしかなかった。

市内バスを頻繁に使うようになった。ひと乗り一元。ウイグル人の割合が増える庶民の乗り物である。これなら僕らも乗ることができた。

『世界最悪の鉄道旅行』

タイの暑さのなかで犬は……

タイ

犬はもともと寒い地方が似合う動物だが、人間とつきあってしまったおかげで、暑い沖縄で生きていかなくてはならない。那覇在住の知人の観察では、コンビニエンスストアの前に寝そべっている犬が多いという。人が出入りするときに冷房の風がふあっと吹きだしてくるからだ。それを心待ちにしているのだろう。

タイの犬となると、コンビニエンスストアの前まで歩く気力すらないようで、日陰に体を横たえ、舌をだらりと垂らしている。まるで生気というものがない。寝そべっていることすら辛そうで、タイなどというのべつまくなし気温が三十度を超えてしまう国に生まれた運命に同情したくもなる。わずかな息づかいに生きていることがわかるのだが、ときに、

「こいつ死んでるんじゃないか」

と思えるほど動かない犬もいる。心配になって眺めていると、口許にハエでもとまったのか、頬をぴくりと動かし、また寝入ってしまう横着ぶり。こういう犬たちに、「おまえら、日本の犬は雪のなかを駆けまわるんだぞ」と活を入れたくもなるが、この暑さのなかではどうしようもないだろうな、と犬の前を立ち去ることになる。

『沖縄にとろける』

重慶マンションのエレベーターが動くまで

'85 香港

ゲストハウスの主人によると、このエレベーターは五十年前からあったという。いつかワイヤーが切れて落っこちるのではないかと不安が頭をもたげる年代物である。一応なまいきにも、八人乗りで、重量オーバーになるとブーという合図が鳴るようになっている。しかしここで諦めないのが重慶《チョンキン》マンションの人々である。かつては内壁の上に蛍光灯のカバーがあって、そこに誰かがつかまって懸垂《けんすい》をすると、なぜか重量オーバーのブザーが鳴りやみ、ドアが閉まるという裏ワザが流行していた。しかしその後、マンション内のゲストハウスや商店が金を出しあってアルミ板の内壁に変わり、そのカバーもなくなってしまった。そこで最近では、一人移動法が主流になってきた。ブーと鳴ると、エレベーターに乗りあわせたなかで一人の代表選手が決められる。だいたいがこのマンションで働くホンコン人である。そして代表選手は、そーッと忍び足でエレベーターのなかを移動するのである。このときのポイントは、他の乗客はいっさい動いてはいけないこと。エレベーターの重量センサーはどこにあるかは知らないが、こうして皆が息を呑んでホンコン人の動きを見つめていると、ある一瞬、ブザー音が消え、そしてドアが閉まるのである。皆の顔に安堵《あんど》が戻るのである。いったいそれがどういうシステムになっているのかは知らないのだが、いったんドアが閉まってしまうと、いくらエレベーター内で移動しても決してブザーは鳴らず、無事、動きだすのである。

『アジア極楽旅行』

国境のビザオフィスにパスポートを出すと……

'17　カンボジアのイミグレーション

カンボジアのイミグレーションには何人もの男たちがいた。建物のなかにいる職員は制服を着ていたが、外にいる男たちは上着を脱いでTシャツ姿だった。急にゆるい空気に包まれた。ビザオフィスは、イミグレーションとは未舗装の道を挟んだ反対側の小屋だった。そこに出向くと誰もいなかったが、横の東屋《あずまや》のハンモックで寝転んでいた男がむくっと身を起こした。東屋の柱にかけてあった制服を着ながら、ビザオフィスに入ってきた。この男がビザを発給してくれるらしい。はたしてなんというのか。僕と阿部カメラマンは三十ドル紙幣を手に窓口が開くのを待った。

人のよさそうな男だった。ベトナムからやってくると、急に人のあたりが柔らかくなる。カンボジア人はとろけるような笑顔を送ってくる。なんともほっとする表情なのだが、これがカンボジアントラップだった。笑顔の奥には、腹黒い本性が潜んでいる奴がたまにいる。つい騙《だま》されそうになってしまうのだ。

開いた窓口にパスポートを出した。すると職員はなにも見ずにビザシールをシートからはずしはじめたのだった。通常、ビザの申請用紙に、さまざまな個人データを書き込む。その内容は、入国カードよりかなり多い。そして、そこに写真を貼って提出する。

「あの……申請用紙は？」

「オッケー、オッケー」

職員は優しげな笑みをつくるのだった。なにがオッケーなのだろうか。ここまでカンボジアのビザはゆるいのだろうか。

職員はふたりのパスポートにシールを貼り、なにやら書き込みはじめた。ビザはすでに発給されたらしい。

ビザというものは、入国許可のようなものだ。パスポート情報や申請内容をチェックし、ようやく発給される。国によっては、その審査に一週間をかけることもある。

以前からカンボジアのビザは簡単だった。プノンペンの空港に到着し、ビザオフィスに出向く。申請用紙に書き込み、写真を貼って提出する。そこから先は流れ作業のようになっていて、五分ほど待つと名前が呼ばれる。そこでビザ代を払ってパスポートを受けとると、ビザシールが貼られている。

（ちゃんと審査をしているんだろうか）

いつもそう思うのだが、この国境はそれ以前だった。パスポートの内容も確認せずにビザを発給してくれる。審査どころの問題ではなかった。

するとと職員は思わぬ行動に出た。胸ポケットからスマホをとり出し、僕らのパスポートの顔写真ページを写真に撮った。そして、

「写真」

といった。

（こうきたか……）

僕はすべてを理解した。申請用紙は彼が埋めてくれるのだ。写真というのは、申請用紙に貼る顔写真である。スマホでパスポートの写真を撮ったのは、後でそれを見ながら、ビザの申請用紙を彼が書くようだった。しかし、パスポートの最初のページには、日本

の住所など記入されていない。ビザの申請用紙には、日本の住所や電話番号、職業などを書く欄があった気がする。そこは空欄になってしまうが、さしたる問題ではないのだろう。なにしろ、申請書類をチェックするのは彼自身なのだ。

ということは……。

彼はこういった。

「三十五ドルです」

「三十ドルじゃないんですか」

すると彼は、金をポケットに入れるしぐさをした。

なんてゆるい国境なのかと思った。もう少し緊張感があるポイントなら、申請書類の作成代です、と彼は説明しただろう。勝手に自分でそんな流れにもっていって、五ドルの追加はないだろう。そんな空気になびかないように、冗談めかして、五ドルをポケットに入れるポーズを、カンボジア人らしい控え目な笑みと一緒に演出したのだ。

実際、怒る気にもなれなかった。

「カンボジアだな」

溜め息混じりに呟《つぶや》くしかなかった。

『週末ちょっとディープなベトナム旅』

エルサレムのイスラム教徒エリア

'05　イスラエル、エルサレム

エルサレムは旧市街と新市街に分かれる。一般に聖地を訪ねるというと、城壁に囲まれた旧市街ということになるのだが、そこに一歩足を踏み入れると、拮抗する宗教というものを目のあたりにすることになる。旧市街はイスラム教徒エリア、キリスト教徒エリア、ユダヤ教徒エリア、アルメニア正教徒エリアに分かれている。

それぞれに門があるのだが、ダマスカス門から入ると、そこはまさにアラブの世界である。店舗が密集した市場がつづき、狭い通路は歩くのも大変なほど混み合っている。人の汗、下水の臭《にお》い、肉、野菜、線香、ゴミ、香辛料など……が入り交じった強烈な臭いがあたりを支配している。人によっては、ハンカチで鼻を覆うほどである。コーランの詠唱であるアザーンが響き、次々に声をかけてくるしつこい客引きに辟易《へきえき》しながら路地のような通路を歩くことになる。その道をアラブの子供たちが駆けまわり、陳列した皿の山を崩したと髭面《ひげづら》の男が大声をあげる。それに気をとられていると、目の前にいくつも吊るされた羊の肉塊がぬっと現れる。はじめてここを訪ねるキリスト教徒にしたら、いったいこの街のどこが聖地なのかと首を捻《ひね》ってしまうかもしれない。

『香田証生さんはなぜ殺されたのか』

'10 中国とカザフスタンの国境

トイレに行きたいだけなのに

中国側の国境駅である阿拉山口《あらさんこう》駅のホームに列車ががたんという音を残して停車した。コンパートメントから通路に出、ホームを眺めると、四、五十人の兵士が横一列になって立っていた。そのひきしまった面もちに、ここが国境駅であることを教えられた。おそらくこの駅で中国の出国審査が行われる。

しかし十分が経ち、二十分が経っても、なんの動きもなかった。そのうちにトイレに行きたくなってきた。人間の体は目覚めると、尿意を催すものだ。しかし列車はホームに停まっている。ひょっとしたら、と思ってトイレに行ってみたが、ドアには鍵がかかっていた。ロシアのウスリースクを思いだした。またしても駅でのトイレ閉鎖に遭ってしまった。あたりはすでに明るく、乗客も多いから、空き缶にオシッコ作戦も使えない。

トイレに行きたいのは誰しも一緒だった。通路で会ったカザフスタン人三人と一緒に、服務員にかけあいにいった。しかし、「NO」と繰り返すだけで、とりあおうともしない。そのうちに目を覚ました中国人もトイレに行きたい様子で服務員室に向かったが、追い返されてきた。そのなかには、淡いピンク色のパジャマ姿の若い女性もいた。

これは困った。発車すればトイレを開けてくれるだろうが、出国審査をする気配もない。気になりはじめると、よけいに尿意が増してくる。と、そのとき、若い服務員が、中国語でなにやら伝えながら、通路を歩いた。中国人たちが通路に出て、外に出ようとしている。どうもトイレに行くためにホームに降りていいらしい。

救われた。

急いで靴を履いてホームに降りた。と、そこで、目を疑うような光景が飛び込んできた。兵士が降りた乗客を一列に並ばせていたのだ。どうなるかわからなかったが、とにかく列についた。こっちは早くオシッコをしたいのだ。数十人の列ができただろうか。兵士は列を乱そうとする乗客に、銃の先で、「まっすぐ並べ」と指示を出す。たかだかトイレに行くだけなのだ。どうしてここまでするのだろうか。しかし皆、トイレに行きたいから、足をもじもじさせながら列をつくる。フリルのついたパジャマ姿の女性も、灰色のジャージを着たカザフスタン人も列をつくる。

ようやく列が整うと、先頭にいた兵士がくるりと向きを変え、なにやらかけ声をかけた。乗客の列の横には、数メートルおきに銃を手にした兵士が立った。そして、再びかけ声がかかり、列が進みはじめたのだ。

トイレに行くために、列をつくって行進をするのである。広いホームを、手にティッシュを持った女性やスリッパ履きの男性の列が進んでいく。駅舎に向かう石段をひと筋の列が移動していく。朝日がその姿を映しだす。さすがに、「歩調を合わせろ」とはい

わなかったが、

「オシッコが漏れそうだから走らせてくれ！」

なんてことを口にできる雰囲気ではなかった。

てっきり駅舎のなかにあるトイレに向かっていると思っていた。しかし先頭の兵士は、そこで九十度向きを変え、駅舎横の雑木林の前で止まった。

「…………？」

先頭にいるカザフスタン人の男が、さかんに林に向かって指を差している。

トイレとはここだったのだ。

列は一気に乱れ、乗客は雑木林のなかに走り込んでいく。僕も彼らに倣《なら》い、高さが三メートルほどの木の根元で用を足した。やっとひと息ついた。冷静になって考えてみると、ひどい話である。僕は男で、オシッコだったから、さしたる問題はなかったが、乗客のなかには若い女性もいれば、大のほうの人もいるのだ。駅舎のなかにはトイレがあるはずなのだが、なぜか使わせてはくれない。

「そこまでやるか……」

雑木林から出てくると、兵士が銃を構えて待っていた。そしてまた列をつくれという。

しかし兵士の前では、反抗的な態度はとれなかった。なにしろ彼らは銃をもっているのだ。

五人用寝台に六人目が……

'13　ベトナム、ホーチミンシティからバンメトートへ向かうバス

最後部のベッドは通路がなく、横に五席分がつながっていた。広々としたスペースだった。

「ここにふたり？」

「今日は席が空いてるんだろうか。だから僕らを広いスペースに移してくれたのかね。でもラッキーだよな。ここならよく眠れそうじゃない」

ひとり分の寝台の幅は広くなかった。寝返りもうてない狭さだった。しかし最後部は隣との仕切りもないから、左右に体を動かすことができた。ごろごろと横に転がることもできた。天国に昇ったような気分だった。

しかしベトナムはそう甘くはないことを三時間後に知ることになる。夕食休憩を終え、車内に戻ると、僕らの席に若い男がふたり座っていた。なんとか五つつながった寝台の両側を僕と阿部カメラマンで確保した。

「これで広々としたスペースで寝ることも難しくなるな」

などと呟《つぶや》いていると、前からもうひとりの男が運転手に連れられて入り込んできた。五人用の寝台だから文句はいえないが、最後部の寝台は仕切りがない。隣に寝る男に触れてしまうのだ。これなら、いくら狭いといっても、ひとり分が独立している一般寝台のほうがはるかに快適だった。運転手は最後部席が空いていたので僕らの寝台と決めたのかもしれないが、途中から人が乗ってくることを考えなかったのだろうか。だが彼はおそらくこの路線を何回も往復しているはずである。ベトナム人というのは、実に場あたり的な民族なのかもしれない。

バスは発車した。すると隣の男がパソコンをとりだし、そこにとり込んだ映画を見はじめた。イヤホンをつけているので音は聞こえないが、明るい画面が視界に入るのだ。ハリウッドのコメディー映画だった。きっとベトナム語に吹き替えられているのだろう……。いや、そういうことではない。僕はヤッケのフードを頭からすっぽり被《かぶ》った。隣の男とは腕も足も触っている。これで、どれだけ眠れるのだろうか。

三十分ほどすぎた頃だろうか。隣の男がもそもそと動きはじめた。身を起こすと、通路に運転手が立ち、僕らが横になっているスペースにあがる梯子《はしご》に足をかけていた。

「なに──ッ」

五人用の寝台に、運転手が加わり、六人で雑魚《ざこ》寝《ね》するというのだった。運転手はふたりの交代制である。安全を考えればありがたいことだ。だからといって五人用寝台に六人……。文句もいえず、すぐ上にあるバスの天井を仰ぐしかなかった。運転手と目が合った。ベトナム人らしい人懐《ひとなつ》っこい笑みが返ってきた。

『「裏国境」突破　東南アジア一周大作戦』

アフガン式エアコン

'02　アフガニスタン、ジャララバード

窓の前に金属製の長さが八十センチほどの箱がでんと置かれていた。蓋を開けてみると、そのなかに扇風機があり、内壁にはわらが詰められていた。

「……？」

ふたりで顔を見合わす。わらの上端のところにホースがあった。辿ってみると水道の蛇口につながっている。

「アフガン式エアコン！」

僕らは年甲斐《としがい》もなくはしゃいでしまった。構造はつまりこういうことだ。スイッチを入れると、水が出て、内壁のわらの間を流れ下っていく。そこで扇風機がまわる。吸い込まれる風に含まれた熱はいくぶん水分に奪われ、涼しい風が部屋に流れるというわけだ。部屋のなかに座っているだけで汗が滲《にじ》んでくるほど暑かった。気温は三十度台の後半をうろついているのだろう。そのなかでこの扇風機の風に当たると、確かに涼しい気がする。僕らはしばらく外に出てみることにした。アフガン式エアコンをつけっぱなしにしておけば、部屋の気温が下がるかもしれなかった。

二時間ほどして部屋に戻った僕らは、ドアを開けるなり、アフガン式エアコンのふがいなさを知らされた。部屋のなかは、気温が下がらないどころか、かえって湿気が加わり、前にも増して不快になっていた。僕らは首をうなだれ、蛇口を止めるしかなかった。単なる扇風機の方がはるかに快適だった。

『アフガニスタン』

ラマダンの終わりは暴動直前のよう

'01 バングラデシュ、ダッカ

昨年（二〇〇一年）の終わりにバングラデシュを訪ねた。困ったことにラマダンのまっ最中だった。ラマダンというのはイスラム教徒に課せられた断食月である。一年に一回、新月から新月の間のほぼ一ヵ月、太陽が出ている間は食べ物はもちろん、水も口にすることができない。イスラムの世界は太陰暦を採用しているから、この断食月は毎年変わっていく。昨年は十一月の半ばから十二月の半ばまでだった。いちばん暑い時期にラマダンがくるときついらしいが、昨年はだいぶ楽な時期だった。

僕はダッカでアラカン族という、バングラデシュ南部に住む少数民族の青年と落ち合って、コックスバザールに向かうことになっていた。夜行バスに乗ることになっていたので、彼らのアパートで夕方まで休むことにした。アラカン族は仏教徒だから、ラマダンを守る義務はない。アパートに着くと、まずコーラが出てきた。アラカン族の青年たちは、

「僕らは仏教徒ですから、自由にコーラを飲むことができるんですよ」

と僕らの前で胸を張った。

しかし彼らにできるのはそこまでだった。僕は飛行機のなかで機内食を食べて、昼頃にダッカについた。しかし夕方になっても、僕が口にできたのはコーラだけだった。彼らにしても、いくら外に出たところで、食堂は一軒も開いていないのだからどうすることもできなかったのだ。バングラデシュではその日の断食の終わりを告げるのは日没ではなく、モスクから流れるアザーンだった。コーランを独特な節まわしで詠唱するアザーンが街に響きわたり、

「腹も減ったことだし、そろそろなにかを食べにいこうか」

というと、彼らは一時間ほど待ったほうがいいというのだった。

「なにしろ皆、殺気だっているから危険なんです。まず腹になにかが入って、皆が落ち着いてから外に出たほうがいい」

それほどではないだろう、と思ったが、後日、夕方の街でその殺気を体験すると、彼らの言葉が嘘ではないことを教えられてしまった。その日の断食明けを告げるアザーンを前に、食堂は準備をはじめる。店頭にはカレーを入れた鍋が並び、菓子が積まれていく。その前で男たちは空腹に耐えながら、ひたすらアザーンを待ちつづけるのだ。その目つきは怖かった。もう目が据わっているのだ。人間、空腹がある限度を超えるとこんな目をするのかもしれない。道はリキシャで埋めつくされていた。食事をとるために帰宅する人々だというのだが、その数があまりに多いため、路上ではひどい渋滞が起きていた。皆、空腹でイライラしているから、リキシャがいつまでも動かないとつい大声を出す。まるで暴動直前の緊張のようなものが、夕暮れの路上から伝わってくるのだった。

『アジアほどほど旅行』

食堂スタッフは僕らを放置して帰ってしまった

'16　台湾、新竹

客は僕らだけになっていた。七時頃だっただろうか。店のおばさんが伝票を手にやってきた。少し早いかと思ったが、さして気にもせずにテラスで夜風に吹かれていた。

「下川さん、もう終わりみたいですよ」

トイレから戻ってきた阿部カメラマンから知らされた。

「隣の店も、もう後かたづけ、はじめてるんですよ。この店のおばさんのひとりなんて、もう帰りじたく……」

「早ッ。じゃあ、もうビールが飲めないじゃない」

そういうことではなかった。八時前に、この美食街は終わってしまうということだろうか。都会に比べれば、地方都市の飲食店は早く閉まる。しかし八時前というのは、早すぎないだろうか。テラスの窓ごしに店内や調理場を眺めた。もう、店は終わっているようだった。僕らが入った店は三人のおばさんが働いていたが、ひとりが厨房の台を拭《ふ》いていた。あとのふたりは、エプロンもはずし、バッグを肩にかけている。阿部カメラマンがトイレから帰ってくるとき、帰りじたくをすませていたのはひとりだったが、いまはふたりになっていた。

「僕らが残っているから、おばさんがひとり残るのかもしれないな。台湾の人はどこか杜撰《ずさん》なところがあるけど、さすがに客を残しては帰らないでしょ。でも、そう長くはいられないよな」

「三十分ってところですかね」

僕らは残ったビールに口をつけた。

それから十分ほどが経っただろうか。ふと店内を見ると、厨房の台を拭いていたおばさんも、ヘルメットを片手に出口に向かってしまった。バイクで帰るようだった。

「……」

「僕ら置いてきぼり？」

「そ、そうみたい」

テーブルの上には、骨が残った虱目魚肚《シームーユードゥ》やビーフンの皿が置かれている。これは翌朝、かたづけるということらしい。しかしこんなに鷹揚《おうよう》でいいのだろうか。日本ではまずないことだった。客を残して、店の人たちが帰ってしまうのだ。

「いつまでいてもいいってことだよな」

ちょっとした開放感はあるのだが、居心地の悪さもつきまとう。皿を厨房まで運んで帰ろうか……などと考えてしまう。

十分ほどがすぎ、僕らは席を立った。大半の店は閉まっていた。角の一軒だけ営業していた。どこか落ち着かなかった。別に悪いことはしていないのだが、皿を置いたまま出てきたという後味の悪さが背後から追いかけてくる。『週末ちょっとディープな台湾旅』

入国審査官に娘との結婚を迫られて

'81　バングラデシュのイミグレーション

そのとき僕は、陸路でインドからバングラデシュに抜けようとしていた。まず、カルカッタ〔現コルカタ〕から、バンガオンという街まで汽車に乗り、そこから先はリキシャを使う。実に見事な並木道をリキシャは小一時間ほど走り、国境の手前で降ろされた。ここから先は徒歩。無事にインドを出国し、バングラデシュのイミグレーションに入ると、その係官からいきなり握手を求められた。そのなれなれしさに戸惑ったが、イミグレーションで心証を悪くしたくないと、僕はひきつった笑みをつくりながら、そっとパスポートを出した。

「おお、日本人か。今年に入って初めてだ。日本はいい国だ。世界一だ」

と係官は続け、僕の職業や住所を聞き始めた。これも審査のうちかと、答えていると、急に身をのりだして、

「実はな、私には十九歳の娘がいるんだ。そりゃ、きれいな娘でな。村一番の美人なんだよ。おまえは日本人だ。どうかね、私の娘を嫁にもらわないかね」

と、いいだしたのである。

当時、僕は二十八歳で独身だったが、結婚するつもりなど毛頭なかった。

「いやあ、突然、そういわれても」

「それもそうだな。じゃ、ちょっと待ってろ。娘を連れてくるから」

「いやあ、それはちょっと……。家は近いんですか」

「バスで二時間ほどだ」

「二時間！　このオフィスは……」

「心配ない。だいたい、外国人なんてめったに来ないんだから」

娘を連れてくる間に逃げようかとも思った。が、考えてみれば、まだ入国スタンプを押してもらっていない。インドに戻るにはビザが必要で、それもできない。僕は焦った。うろうろしているうちに、結婚させられるのではないか。僕は必死に、バングラデシュという国も人も知らないことを説明し、二、三週間後には必ずこの国境を通ってインドに戻るから、そのときに、と説得した。

「そうか、わかった。とにかくこの国は最悪なんだ。私は娘に幸せになってもらいたいんだ。二、三週間後だな」

「約束します。それで、その、入国スタンプは……」

「スタンプ？　お、そうか、忘れてた」

インドへの帰路は、なけなしの金をはたいて飛行機を使った。


『アジアの誘惑』

僕の居場所がアヘン窟のようにいわれて

'97　香港

やっと香港の居場所が重慶《チョンキン》マンションのなかにみつかった気がした。香港のホテルはパッケージツアー用が多く、僕のような旅行者が入り込む宿は少なかった。しかしこの建物は、香港に住む人々にとってはあまり近づきたくはない存在であることをすぐに知ることになる。あるとき、香港在住の日本人が書いたこんな文章を目にした。

——重慶マンションは危険なので、その前を足早に通りすぎた。

なにか犯罪の巣窟《そうくつ》、いやアヘン窟のようないわれ方だった。スラムビルとでもいったらいいだろうか。僕がはじめて香港に行った頃、かつての啓徳《カイタック》空港の近くに九龍城《ガウロンセン》と呼ばれる一画があった。以前はアヘン窟だったと教えられた。アヘンを吸うと歯がボロボロになる。歯医者が多いのはそのためだといわれた。実際は、中国から逃れた難民が住みついた一画だった。僕も少しだけなかに入ってみたが、まさに迷路だった。「一度入ったら出てくることができない」ともいわれた。その九龍城と重慶マンションを重ね合わせている節すらあった。観光にかかわる人々の間では、彌敦道《ネイトンドウ》という繁華街のど真んなかに、こういうビルがあって実に迷惑をしているという空気まで伝わってきた。ちょうどその頃だろうか。『恋する惑星』という香港の映画がヒットした。重慶マンションが舞台にもなっていると聞いて、ビデオを借りてみた。挿入されるフェイ・ウォンの歌声が伸びやかだった。新しい感覚の香港映画は心地よかったが、そのなかで使われる重慶マンションはひどい扱いだった。汗の饐《す》えたにおいが漂ってきそうな小部屋に、インド人やバングラデシュ人が蠢《うごめ》いていた。香港の庶民生活というより、危険なビルというイメージが伝わってきた。

香港に滞在するたびに重慶マンションに泊まっている身としたら、どこかぴんとこないイメージだった。しかし映画の影響は強いようだった。日本から香港にやってきた若い女性の観光客は、映画に登場したセントラルとも呼ばれる中環《ヂョンワーン》のエスカレーターにも乗るが、重慶マンションにも姿を見せた。

あれはいつ頃だったか、重慶マンションから彌敦道の歩道に出ようとすると、そこに日本人女性三人が立っていた。そして一枚、写真を撮っては、ひそひそと小声で会話を交していた。重慶マンションに入るには、三段ほどのステップをあがるのだが、決してなかに入ろうとはしなかった。

「あ、インド人が出てきた」

「日本人もいるんだ。こういうところにいる日本人って、どういう人なの？」

「きっとやばい仕事にかかわっているんじゃない？」

これは僕の想像だが、そんな会話が交わされてもおかしくはない雰囲気だった。

こういう場に居合わせると、「大きなお世話なんだよ」と毒づきたくもなるのだが、反発したところで会話にもならないことはわかっていた。

いまでも若い日本人女性に、香港のイメージを訊くと、ビクトリアピークからの夜景や本場の広東料理といった定番の先に、「ちょっと怖いところ」という言葉が添えられる。街の猥雑《わいざつ》さや蛇頭《じゃとう》と呼ばれるヤクザなどから連想されるイメージなのかもしれないが、その一翼を担っている建物が重慶マンションであることはたしかだった。

『週末香港・マカオでちょっとエキゾチック』

気が遠くなるほど遅い列車

’96　ベトナム、ドンダンからハノイへ向かう列車

発車してしばらくしても、列車のスピードはまったくあがらなかった。やはり十八キロなのである。それはもう気が遠くなるほどののんびりした列車なのである。これだけ遅いといろんなことが可能になる。まず、利用客が駅のホームまでくる必要がなくなり、自分の家の近くの線路端で待つようになる。列車が走っているといっても、たかだか十八キロなのだから、走る列車に簡単に乗り込むことができるのである。こんなこともあった。途中で、屋根に乗っていた少年のバッグが落ちてしまったのだ。僕はいったいどうするのだろう、と窓から顔をだして見ていると、なんだか泣きたくなるようなことがおきてしまったのである。少年は屋根の上を進行方向とは逆に走り、最後尾まで辿り着くとスルスルと列車を降り、線路の上に飛び降りた。なにしろ時速十八キロだからこんなことも平気なのである。少年が落としたバッグを手にしたとき、列車は既に二十メートルほど先を走っていた。バッグを小脇に抱えた少年はさして慌てもせず、線路を列車に向かって走りだしたのである。くどいようだが、列車は時速十八キロである。人間が走るほうが速いのだ。少年はあっという間に列車に追いつくと、その勢いのまま列車に飛び乗ってしまったのである。その後、天井を歩く音がしたから、少年はまた元の場所に戻ったのだろう。そして列車は、なにごともなかったかのように、のろのろと丘陵地帯を進むのだった。

『歩くアジア』

蔣介石だらけの公園に迷い込む

'16 台湾、桃園市

この公園には二百体以上の蔣介石《しょうかいせき》の像が展示されているという話だった。それほどたくさんの蔣介石などあまり見たくもなかったが、好奇心もあった。公園に足を踏み入れた。そこに展示されている像はどれも蔣介石だった。息子の蔣経国《しょうけいこく》の像も一体みつけたが、とにかくほとんどが蔣介石だった。入口に馬に乗って片手を挙げている像があったが、それ以外は立像と胸像、そして椅子に座っている像が多かった。像をつくる業者が限られていたのか、ひとつの顔しか許されなかったのか、並ぶ像はどれもよく似た顔をしていた。椅子に座る蔣介石を囲むように数体の蔣介石の立像が立っている。そしてその顔がすべて同じなのだ。

公園を歩いているうちに、なんだか気分が悪くなってきた。こんなにもたくさんの蔣介石像を見たのがはじめて、ということもあったが、同じ顔ばかりが並んでいる風景はやはり異様な世界だった。

像のひとつ、ひとつに簡単な説明が書かれていた。市や小学校の名前が多かった。その下に年号が示されている。それは像をこの公園に寄贈した団体とその年だった。

「つまり、蔣介石像がいらなくなったってこと？」

阿部カメラマンと蔣介石の胸像を前に首をひねる。像の前に記された年号が気になり、周囲の像の年号を見てみた。二〇〇〇年から二〇〇五年にかけて寄贈されたものが多かった。

そういうことなのかもしれない。

この公園が正式にオープンしたのは二〇〇〇年である。実際はその二、三年前から像がもち込まれたようだが、この公園の話を聞いた人たちが次々に寄贈を申しでたようだった。

皆、困っていたのだ。

『週末ちょっとディープな台湾旅』

盗塁と闘牛でバンコクの道を渡る

タイ、バンコク

当時の道の渡り方を一応説明しておこう。まず、道路端に立ち、最も手前車線を走ってくる車のうち、後続車との間にかなりの間隔がある車がくるまで待つ。その車が目に入ったら、スルスルと一、二メートル進み、その車が近づくのを待つわけだ。要領としては、野球で盗塁をするときにリードをする感覚である。このとき注意しなくてはいけないのは、怖くて後ずさりしてはいけないことである。道を渡ろうとする意志をドライバーに伝えなくてはならないのだ。確認したドライバーは、日本ならブレーキを踏むかもしれないが、バンコクでは同じスピードで直進しようとする。歩行者とドライバーの間には、そんな暗黙の了解がある。とにかくドライバーは直進してくれる。それを信ずることである。やがて車は近づき、渡道者の手前数十センチのところを走り抜けていく。

このときの感覚は闘牛士である。もちろん人が闘牛士で車が牛である。近づく車から目を離さず、通り抜けるときは身を翻すような感じである。やがて遠ざかる車を、

「一台やっつけたか」

と見送ればいいのだ。

『新・バンコク探検』

イスラエルでバスに乗ろうとして

'04　イスラエル

スカイホステルの目の前がバス停になっていた。そこに若い女性の兵士が立っていた。濃い緑色の軍服を着込み、大きなザックを背負っている。右手に握られた自動小銃が夕陽を浴びて鈍く光っていた。

イスラエルは、いたるところに兵士がいる国である。世界には兵士が目立つ国は多い

が、それは国境とか治安の悪いエリアに限られるものだ。しかしイスラエルは違う。常にアラブのテロに晒《さら》されているこの国は、戦時下のように、兵士が警備にあたっている。重装備の女性兵士が多いため、よけいに目立つのかもしれない。この国の国民は、全員に兵役が課せられている。

この国ではさまざまなところで荷物をチェックされる。エルサレムもそうだったが、テルアビブでも僕はその洗礼を受けた。バスターミナルに入ろうとすると、その入口に長い列ができていた。先頭を見ると、そこにテーブルが出され、兵士が荷物の中身を調べていた。僕もその列につき、荷物のチェックを受けたが、洗面道具の袋まで開ける厳しさだった。バスに乗るのにここまで調べられたのははじめての体験だった。

『香田証生さんはなぜ殺されたのか』

横転事故で肋骨が折れていた

'14　タイ、バンコク

その日の夕方に発つ夜行バスでバンコクに向かった。早朝に着いたのは、バンコク郊外にある南バスターミナルだった。

旅は終わった。

ホテルに荷物を置き、バンコク病院に出向いた。昔から何回かお世話になった病院である。アフガニスタンでアメーバ赤痢《せきり》に罹《かか》ったときも、最後にはこの病院で診てもらった。

簡単なチェックがあり、X線写真を撮ってもらった。三十代のタイ人医師だった。パソコンに送られてきたX線写真を見ながら、医師は口を開いた。

「折れてますね」

「骨折?」

「そう。第九肋骨と第十肋骨の二本が……ほら」

パソコンの画面を見せてくれた。たしかに骨がつながっていない。

肋骨が折れていたのか。

背中の打ち身などではなかったのだ。

診断書を書いてもらうために、待合室で座っていた。すると件《くだん》の医師が診察室から出てきた。僕の傍に立った。

「もう少し、よく見たら、もう一本、折れてました」

「三本折れてたってことですか」

「そう」

肋骨を骨折した場合、これといった治療法はなかった。痛み止めの薬を飲むだけである。

帰国してからも背中の痛みは消えなかった。痛み止めを飲む日々が続いた。そうこうしているうちに、六十歳の誕生日を迎えてしまった。もう還暦である。この年になると、骨がつながるのにも、時間がかかるらしい。

『「裏国境」突破 東南アジア一周大作戦』

十倍ぼったくりシクロに乗ってしまった

'96 ベトナム、ホーチミンシティ

僕はある日、ホーチミンの中華街であるチョロンにいこうと思った。ファングーラオ通りにいるシクロの運転手に、往復でいくらか、と交渉すると、その若者は英語で、

「セブンティ」

といった。ファングーラオ通りにたむろするシクロの運転手は、ある程度の英語を操れる奴が多い。彼らはその料金を英語でいうとき、しばしば千の単位を省略する。つまり七万ドンは、セブンティ・サウザンドといわずにセブンティだけですませてしまうのだ。これはインフレが激しい国では珍しいことではない。インドネシアやカンボジアな

どでも、千の単位を省略したいい方をする。だから、僕はシクロの若者が口にした、セブンティは七万ドンだと理解した。それは少し高いと思った僕は値切った。料金は簡単にサーティまで下がった。このとき僕は、このシクロの運転手の魂胆《こんたん》を見抜くべきだったかもしれない。

チョロンを往復し、再びファングーラオ通りに戻り、僕はサーティ、つまり三万ドンを渡そうとすると、運転手の顔が豹変《ひょうへん》した。突然、険しい顔で、

「サーティダラー」

といい張ったのである。運転手がそう主張ができるわけを少し説明しなければいけない。厳密には少し違うのだが、今のベトナムの路上では、一ドルが一万ドンで換算される。アメリカドル払いは一般に行われていて、レストランなどでも、手持ちのベトナムドンがないと、アメリカドルに換算して払うことができる。その換算レートは、一ドルが一万ドンである。つまり運転手は、

「俺はアメリカドルで交渉していた」

と主張したのである。しかしチョロン往復で三十ドルというのは、常識では考えられない金額だった。僕が考えていた金額とシクロの運転手がいう額には十倍の開きがあったのだ。

「それはおかしい」

と僕は反論すると、運転手の手がさっと伸び、僕のメガネを奪った。その手口は、ホーチミンのチンピラ然としていて、はじめから僕を陥《おとしい》れるつもりの運転手であることはすぐにわかった。その凄み方は一人前だった。三十分ほどもめたが、結局、僕は金を払った。こんな単純な手口に引っかかることが悔しかったが、あの場では仕方のないことだった。

『アジアの旅人』

便器の上にシャワーがある重慶マンション

香港

東南アジアの生活習慣では、トイレと浴室は限りなく近いものである。トイレは手動だが水で流すスタイルだった。入浴といっても暑いエリアだから、水浴びでいい。つまりトイレと入浴は、ともに水で流してしまうものという共通項でつながっていたのである。

しかし日本は違う文化を持っている。トイレは汲《く》み取り式だった。入浴は体を洗うということと同時に、体を温めるという目的があった。

この違いが、東南アジアのトイレの困惑の原点だと思う。僕はこの異なった文化の違いを、香港の重慶《チョンキン》マンションのトイレで、半ば強制的に矯正されたのである。重慶マンションにあるゲストハウスは、狭いスペースになるべく多くの部屋をつくることが基本方針だから、トイレというか浴室も限りなく狭い。僕ははじめて重慶マンションの浴室に入って、しばし悩んでしまった。

浴室、つまりシャワー室だと教えられたその個室に入ると、目の前には洋式の便器があるだけだったのである。疑問に思ってやや上を見ると、そこにはちゃんとシャワーがついている。そこでまた悩むのである。

「ここでシャワーを浴びるためには、便器をまたぐか、その上に乗らなければならない。それはそれでいい。しかしそうすると、便器はびしょ濡れになってしまうではないか」

しかし考えたところで、なにもいいアイデアは浮かんでこなかった。これだけのスペースしかないのだから、そうするしかないのである。僕は便器をまたぎ、便器をずぶ濡れにしながらシャワーを浴びたのである。しかしちょっと気になるので、トイレットペーパーで便器を少し拭《ふ》いておいた。

後になってわかることだが、こうしてシャワーを浴びてなにも問題はなかったし、そのあと便器を拭く必要もなかったのだ。東南アジアではそれでよかったのである。シャワーを浴びれば、同時に便器を洗ったことになる。そんなものである。

だがときに困ることもある。浴室にある洗面台である。そこで顔を洗ったり、洗濯をするわけだが、配管がないことがよくあるのだ。どういうことかというと、洗面台の下には配管がなく、ただ床に水が落ちるだけなのである。そこはシャワーを浴びる浴室なのだから、洗面台の水が床にバシャバシャ落ちても、結局は流れていくわけだが、困るのは僕のズボンなのである。顔を洗ったり、洗濯をするたびに、洗面台から落ちた水の跳ね返りで、ズボンがびっしょりと濡れてしまうのである。結局、顔を洗ったり、洗濯をするたびに、パンツ一丁にならなければいけないのである。これが結構面倒くさい。洗濯のときなどは覚悟を決めるが、ちょっと手を洗ったり、歯を磨いたりするときも、ズボンを脱がなくてはいけないのだ。そのつど、いちいちズボンを脱ぐか、ズボンが濡れても気にしないか。

ズボンが濡れても気にしないという選択に僕が走ったのはいうまでもない。だから、外出するとき、僕のズボンはひざから下がよく濡れている。

『アジアの友人』

おわりに

「下川さんて、もってますよね」

たまにそういわれることがある。「もっている」という言葉は、さまざまなシチュエーションで使われるが、そのとき、僕にそういったのは、タイのバンコクで発行されていたフリーペーパーの編集者だった。いってみれば同業者で、そこで使われる「もっている」とは、旅先でトラブルに遭うというか、原稿を書く材料に出くわす「運をもっている」ということを意味することが多い。

そのとき、僕はインドからの帰りだった。バンコクに寄り、インドで遭遇してしまったできごとを話したときだった。

本書では紹介していないが、インドではアッサム州のディブルガルから南端のカンニャクマリまでの長い列車に乗った。四泊五日、列車に乗りつづけるという旅で、列車もきつかったが、その間に、五百ルピー札と千ルピー札が廃止されるという事態に遭遇してしまったのだ。高額紙幣を廃止する目的は、税金を逃れるためのブラックマネーやたんす預金を吐き出させることだった。事前にその情報を流したら、税金を払いたくない人たちは準備をしてしまう。そのため、政府は秘密裡にことを進め、唐突に政策を実行することになる。一介の旅行者には想定もできないことで、到着したカンニャクマリの街で天を仰ぐことになる。店が高額紙幣を受けとってくれないのだ。

廃止された紙幣は銀行で両替してくれるという話だった。しかし翌朝、銀行に出向くと、長い列ができていた。交換限度額も決められていた。両替紙幣がある銀行を探して街のなかを西へ、東へと歩くしかなかった。

たまたまその時期にぶつかってしまうという運の悪さは、たしかに「もっている」のかもしれない。僕はその列車旅の原稿で、この一件を書くわけだから、旅行作家としたらラッキーなできごとだろうか。

僕はよく、ロストバゲージならぬディレイドバゲージに遭う。預けた荷物が積み込まれずに到着空港で受けとれないケースだ。空港職員が僕の荷物を目にして意図的に積み忘れることは考えづらい。そう考えると、やはり僕は「もっている」のかもしれない。

しかしトラブルに遭う僕は大変なのだ。焦りまくる時期がすぎれば、「これは原稿になる」という余裕も出てくるが、それまでの時間は動揺と忍耐のなかに放置されてしまう。

「どうして僕にだけ、こういうことが起きるのか……」

呟《つぶや》いても聞いてくれる人はいない。

いってみればその集大成が本書でもある。

原稿というものは活字になってしまうと、僕の手から離れていく。誤解されることもあれば、鼻で嗤《わら》われることもある。これだけ本を書いてきたのだから、そのあたりはよくわかっているつもりだが、本書に限れば、笑いながら読み進めていく読者の顔を容易に想像することができる。それを受け入れなくてはいけないとは思うが、本音を少しだけ書かせてもらえば、笑ってほしくはない。そのとき僕は追い詰められ、鼓動は速くなり、口のなかが乾くような状況のなかで駆けまわっていた。そこをわかろうとする優しい眼差しで本を開いてほしいのだが……きっとそうはならない。人はやはり冷たい。仮に僕が「もっている」旅人なら、そこが立ち位置ということか。鼻白む思いの「おわりに」になってしまった。

本書をまとめるにあたり、朝日新聞出版の大原智子さんのお世話になった。

二〇二三年五月

下川裕治

出典図書一覧（五十音順）

『アジア極楽旅行』徳間文庫、一九九六年
『アジア国境紀行』徳間文庫、二〇〇四年
『アジア赤貧旅行——だからアジアは面白い』徳間文庫、一九九四年
『アジア達人旅行』徳間文庫、一九九五年
『アジアの田舎町』双葉文庫、一九九九年
『アジアの風に身をまかせ——アジア浮遊紀行』主婦の友社、一九九五年
『アジアの困ったちゃん』徳間文庫、二〇〇〇年
『アジアの旅人』講談社文庫、一九九七年
『アジアの安宿——僕はこんな宿に泊まってきた』山海堂、一九九八年
『アジアの友人』講談社文庫、一九九九年
『アジアの誘惑』講談社文庫、一九九五年
『アジア漂流紀行』徳間文庫、一九九七年
『アジアほどほど旅行』徳間文庫、二〇〇二年
『アフガニスタン——砂漠と炎熱と戦乱と人びと』共同通信社、二〇〇二年
『歩くアジア』双葉文庫、二〇〇〇年

『「裏国境」突破 東南アジア一周大作戦』朝日文庫、二〇二一年
『沖縄にとろける』双葉文庫、二〇〇六年
『格安エアラインで世界一周』新潮文庫、二〇〇九年
『香田証生さんはなぜ殺されたのか』新潮社、二〇〇五年
『5万4千円でアジア大横断』朝日文庫、二〇二一年
『12万円で世界を歩く』朝日文庫、一九九七年
『12万円で世界を歩くリターンズ――赤道・ヒマラヤ・アメリカ・バングラデシュ編』朝日文庫、二〇一九年
『12万円で世界を歩くリターンズ――タイ・北極圏・長江・サハリン編』朝日文庫、二〇二〇年
『週末アジアでちょっと幸せ』朝日文庫、二〇一二年
『週末アジアに行ってきます』講談社文庫、二〇〇四年
『週末沖縄でちょっとゆるり』朝日文庫、二〇一四年
『週末シンガポール・マレーシアでちょっと南国気分』朝日文庫、二〇一六年
『週末ソウルでちょっとほっこり』朝日文庫、二〇一五年
『週末台湾でちょっと一息』朝日文庫、二〇一三年
『週末ちょっとディープなタイ旅』朝日文庫、二〇一七年
『週末ちょっとディープな台湾旅』朝日文庫、二〇一六年

『週末ちょっとディープなベトナム旅』朝日文庫、二〇一八年
『週末バンコクでちょっと脱力』朝日文庫、二〇一三年
『週末ベトナムでちょっと一服』朝日文庫、二〇一四年
『週末香港・マカオでちょっとエキゾチック』朝日文庫、二〇一五年
『新・アジア赤貧旅行――やっぱりアジアは面白い』徳間文庫、二〇〇三年
『新・バンコク探検』双葉文庫、二〇〇〇年
『世界一周ビンボー大旅行』講談社文庫、二〇〇二年
『世界最悪の鉄道旅行――ユーラシア大陸横断2万キロ』朝日文庫、二〇二〇年
『台湾の秘湯迷走旅』双葉文庫、二〇二〇年
『旅がグンと楽になる7つの極意』産業編集センター、二〇一八年
『ディープすぎるシルクロード中央アジアの旅』中経の文庫、二〇一九年
『ディープすぎるユーラシア縦断鉄道旅行』中経の文庫、二〇一六年
『鉄路2万7千キロ　世界の「超」長距離列車を乗りつぶす』新潮文庫、二〇一八年
『東南アジア全鉄道制覇の旅――インドネシア・マレーシア・ベトナム・カンボジア編』双葉文庫、二〇一八年
『東南アジア全鉄道制覇の旅――タイ・ミャンマー迷走編』双葉文庫、二〇一七年
『鈍行列車のアジア旅』双葉文庫、二〇一一年
『バスの屋根から世界が見える』双葉文庫、二〇〇一年

『バンコク探険』双葉社、一九九一年
『バンコクに惑う』双葉文庫、一九九八年
『バンコク迷走』双葉文庫、二〇〇六年
『不思議列車がアジアを走る』双葉文庫、二〇一三年
『僕はＬＣＣでこんなふうに旅をする』朝日文庫、二〇一七年
『ホテルバンコクにようこそ』双葉文庫、一九九八年

僕《ぼく》はこんなふうに旅《たび》をしてきた　朝日文庫

2023年6月30日　第1刷発行

著　者　下《しも》川《かわ》裕《ゆう》治《じ》

発行者　宇都宮健太朗
発行所　朝日新聞出版
〒104-8011　東京都中央区築地5-3-2
電話　03-5541-8832（編集）
03-5540-7793（販売）
印刷製本　大日本印刷株式会社

ISBN978-4-02-262077-4

下川　裕治
12万円で世界を歩く

赤道直下、ヒマラヤ、カリブ海……。パック旅行では体験できない貧乏旅行報告に、コースガイド新情報を付した決定版。一部カラー。

下川　裕治／写真・阿部　稔哉
12万円で世界を歩くリターンズ
赤道・ヒマラヤ・アメリカ・バングラデシュ編

赤道越え、ヒマラヤトレッキング、バスでアメリカ一周……八〇年代に『12万円で世界を歩く』で鮮烈デビューした著者が同じルートに再び挑戦。

下川　裕治／写真・阿部　稔哉
12万円で世界を歩くリターンズ
タイ・北極圏・長江・サハリン編

今度はタイと隣国の国境をめぐり、北極圏をめざし、長江を遡る旅へ。さらに、「12万円でサハリンに暮らす」ことにも挑む。

下川　裕治／写真・中田　浩資
週末アジアでちょっと幸せ

ベトナムから中国へ国境を歩いて越える。マラッカ海峡で夕日を見ながらビールを飲む。週末、とろけるような旅の時間が待っている。

下川　裕治／写真・阿部　稔哉
週末バンコクでちょっと脱力

金曜日の仕事を終えたら最終便でバンコクへ。朝の屋台、川沿いで飲むビール、早朝マラソン大会。心も体も癒やされる、ゆるくてディープな週末旅。

下川　裕治／写真・阿部　稔哉
週末台湾でちょっと一息

地元の料理店でご飯とスープを自分でよそって、夜市でライスカレーを頰ばる。そして、やっぱりビール。下川ワールドの週末台湾へようこそ。

週末ベトナムでちょっと一服
下川 裕治／写真・阿部 稔哉
バイクの波を眺めながら路上の屋台コーヒーを啜り、バゲットやムール貝から漂うフランスの香りを味わう。ゆるくて深い週末ベトナム。

週末沖縄でちょっとゆるり
下川 裕治／写真・阿部 稔哉
ゆるい沖縄で、甘い香りの風に吹かれる週末旅。アジアが潜む沖縄そば、マイペースなおばぁ、突っ込みどころ満載の看板……日本なのになんだか

週末香港・マカオでちょっとエキゾチック
下川 裕治／写真・阿部 稔哉
茶餐廳の変な料理や重慶大廈の異空間。大粒の雨のなか涙する香港人とカジノ景気を利用するマカオ人。九〇年代に返還された二つの街を見つめる。

週末ソウルでちょっとほっこり
下川 裕治／写真・阿部 稔哉
日本との共通点は多いが、言葉で苦労する国。ハングルメニューの注文のコツを覚え、韓国人とともに飲み、Kポップの世界に一歩踏み込む。

週末シンガポール・マレーシアでちょっと南国気分
下川 裕治／写真・阿部 稔哉
物価高の街をシンガポールっ子流節約術で泳ぎ抜く。ジョホール海峡を越えるとアジアのスイッチが入り……待ち構えていたのはイスラムの掟!?

週末ちょっとディープなベトナム旅
下川 裕治／写真・阿部 稔哉
好景気のエネルギーが路上に弾ける、元気なベトナムはいまが旬？ さらに、国境を越えてカンボジアの村と森へも。